비트겐슈타인과 규칙 따르기

비트겐슈타인과 규칙 따르기

사회과학의 철학적 기초를 찾아서

김경만 지음

궁리
KungRee

가장 신랄한 비판자인 동시에 가장 든든한 지지자인 TS에게

우리 믿음과 행위의
사회적 기원을 찾아서

책을 쓸 때 먼저 생각하는 대상은 물론 독자일 것이다. 누가 이 책을 읽을지에 따라 책의 구성이나 내용이 조금씩 달라져야 하기 때문이다. 지난 30년 동안 내가 학자들만을 염두에 두고 쓴 여러 권의 논쟁적인 책들과 다르게 이 책은 사회이론에 관심을 가진 학생들과 일반인들을 위해 쓴 책이다.

오랫동안 대학에서 학생들을 가르치면서 가장 많이 들었던 말은 어려운 사회이론에 접근하기 쉬운 책을 소개해달라는 것이었다. 사회이론에 대한 책이 없는 것은 물론 아니다. 오히려 넘쳐난다. 그러나 그들 대부분이 인물이나 학파 중심으로 이론의 내용을 지루하게 '나열식'으로 정리해 소개하는 데 그치고 있다. 학생들을 가르치면서 사회과학과 인문학의 기초가 되는 사회이론과 철학의 근간이 되는 사상들을 인물 혹은 사상 별로 '나열식'으로 소개하지 않고, '하나의 중심개념'(central concept)을 통해 구슬 꿰듯이 이어서 흥미로운 이야기로 만들어낼 수 없을까라는 생각을 해왔다. 그러던 중 내가 가르쳐왔던 사회이론, 지식사회학, 과학사회학에서 가장 중심적인 개념은 역시 비트겐슈타인(Ludwig Wittgenstein)의 '규칙 따르기'(rule-following)였다는 것을 깨달았다. 이런 생각의 배후엔 토마스 쿤(Thomas Kuhn), 피에르 부르디외(Pierre Bourdieu), 위르겐 하버마스(Jürgen Habermas), 앤서니 기든스(Anthony Giddens), 해럴드 가핑클(Harold Garfinkel), 찰스 테일러(Charles Taylor), 클리포드 기어츠(Clifford Geertz), 리처드 로티(Richard Rorty) 같은 20세기 최고 지성들의 사상이 비트겐슈타인의 규칙 따르기에 커다란 빚을 지고 있다는 사실이 있었다.

책을 읽어 나가면서 독자들이 알게 되겠지만, 어렵기로 악명 높은 부르디외의 '아비튀스'(habitus) 개념도 비트겐슈타인의 규칙 따르기에서 영감을 얻은 것이며, 그 때문에 찰스 테일러는 부르디외의 이론이 비트겐슈타인의 규칙 따르기 개념에 의존하고 있다는 것을 밝히고 있다.[1] 잘 알려져 있지는 않지만, 쿤(Thomas Kuhn)의 패러다임

---

1 Charles Taylor, "To Follow a Rule…" In C. Calhoun, E. LiPuma and M. Postone (Eds.) 『Bourdieu: Critical Perspectives』 Chicago: University of Chicago Press, 1993, pp. 45-60.

비트겐슈타인과 규칙 따르기

(paradigm) 개념도 비트겐슈타인의 규칙 따르기 개념에 크게 의존하고 있다. 만일 '규칙 따르기' 개념을 중심으로 다양한 이론을 소개하고, 그 이론들을 실제 사회현상에 적용할 수 있다면, 학생들은 보다 쉽게 이론에 접근할 수 있겠다는 생각이 들었다.

비트겐슈타인의 규칙 따르기 개념이 우리 행위와 믿음을 설명하고 이해하는 데 가장 중심적인 개념이라면, 이는 곧 우리 행위와 믿음의 '사회적 기원'을 규칙 따르기에서 찾을 수 있다는 것을 의미한다. 유독 우리나라에서만 '유전자'가 행위와 믿음을 결정한다는, 생물학적 결정론 혹은 환원론(biological determinism)이 사람들 사이에서 마치 움직일 수 없는 진리인 것처럼 받아들여져 왔다. 소위 '이기적 유전자'(selfish gene) 이론으로 알려진 생물학적 환원주의는 일견 이타적으로 보이는 인간과 동물들의 행위조차도 유전자의 관점에서 보면 매우 '이기적인' 행위라는 것을 주장함으로써, 유전자 결정론의 설명력을 극대화하려 한다.

자연선택(natural selection)에 의해 결정되는 단위는 도킨스(Richard Dawkins)가 말하듯이 유전자일까, 혹은 노블(Denis Noble)이 주장하듯 우리가 표현형(phenotype)이라 부르는 유전자의 담지자인 생물체일까? 소위 '선택단위에 관한 논쟁'(unit of selection controversy)이라 불리는 이 논쟁은 일반인은 도저히 이해할 수 없는, 과학자들과 철학자들

의 전문적 논쟁이다.[2]

도킨스는 인간을 구성하는 유전자가 '아래에서부터 위로' 인간의
행위를 설명한다고 주장한 반면, 노블과 같은 시스템 생물학(system
biology)을 옹호하는 생리학자는 인과의 방향이 유전자에서 유기체로
가 아니라, 하나의 '체계로서의 유기체'(organism as a system) 전체가 '위
에서부터 아래로' 그것을 구성하는 유전자에 영향을 준다는 '하방인
과성'(下方因果性, downward causation)을 주장한다.[3]

노블이 도킨스를 비판하기 위해 사용한 쉬운 예를 얘기해보자. 노
블은 악보에 적혀 있는 음표(비유적으로 말하면, 곡을 구성하는 유전자)
가 같더라도 누가 그 음악을 연주하고, 지휘하는가에 따라 다른 음악
이 나온다는 것을 도킨스의 유전자 결정론에 대한 반박의 예로 사용
했다. 즉, 똑같은 음표로 구성된 악보라도 다른 지휘자나 오케스트라
가 연주할 때 그들의 악보 해석에 따라 '다른 음악'이 나온다는 것이
다. 음표들 간의 '관계 전체'를 어떤 시각에서 해석하고 지휘하는가

---

2 선택단위 논쟁에 관한 생물학자와 철학자들의 논의는, Robert N. Brandon and Richard M. Burian (Eds.), 『Genes, Organisms, Populations: Controversies Over the Units of Selection』The MIT Press, 1984 를 참조할 것.

3 하방인과성은 나의 은사였던 도널드 캠벨이 만들어낸 용어이다. 이에 대한 자세한 논의는 Donald Campbell, "Downward Causation in Hierarchically Organized Biological Systems" in F.J. Ayala and T. Dobzhansky (Eds.) 『Studies in the Philosophy of Biology』 Macmillan, pp. 179-186을 참조할 것.

비트겐슈타인과 규칙 따르기

에 따라 연주되는 곡의 성격과 느낌이 크게 달라진다는 것이다. 같은 논리로, 노블에 따르면, 똑같은 유전자로 구성된 두 사람일지라도 다른 행위를 할 수 있다. 노블은 음표들의 관계가 중요하듯이, 유전자들도 서로의 '관계'가 중요하며, 따라서 그러한 '유기적 관계'에서 특정 유전자를 '분리'해내서 병을 치료하려는 유전자 가위 방법은 실패할 수밖에 없다고 주장한다.[4] 이 논쟁은 과학철학에서 전체가 그것을 구성하는 개별 요소에 영향을 준다는 홀리즘(holism)과, 전체는 그것을 구성하는 개별 요소로 환원시켜서 설명할 수밖에 없다는 환원론(reductionism) 간의 논쟁에 해당한다.

이 책은 유전자 결정론자들과 노블 같은 시스템 생물학자들의 논쟁에 관한 책이 아니다. 우리나라의 진화생물학자들과 진화심리학자들이 마치 유전자 환원론이 '증명'된 것이라는 '잘못된 인식'을 일반인에게 심어준 것과 다르게, 유전자 환원론을 둘러싼 논쟁은 세계 최고의 생물학자들과 과학철학자들의 논쟁의 초점이었고, 지금도 그 논쟁은 격렬히 계속되고 있다.[5] 모든 과학논쟁이 그랬듯이, 이 논쟁도 앞으로도 오랫동안 어느 쪽이 완전히 옳거나 틀렸다고 증명하기 어려울 것이다.

---

4   Denis Noble, "Why Dawkins is Wrong", https://youtu.be/dCLRKP9NW8I 를 참조할 것.

5   이에 관한 철학적 논쟁은 생물철학 저널인《Biology and Philosophy》를 참조할 것.

그럼에도 불구하고 짧지만 도킨스와 노블의 얘기를 꺼낸 것은 많은 유전자 결정론자들이 생물학적 환원론에 입각해서 인간의 행위와 믿음을 설명할 수 있다는 주장을 펼친 반면, 실제로 인간의 행위와 믿음을 설명하는 것이 고유의 연구영역인 인문사회과학자들은 유전자 환원론에 반대되는, 특별히 사회과학적인 설명을 제시하지 못해왔기 때문이다. 이는 인문사회과학자들의 직무유기다. 이 책은 비트겐슈타인을 중심으로 테일러, 로티, 푸코, 가핑클의 사회 정치이론을 살펴봄으로로써, 인간이 가진 고유한 언어행위가 어떻게 사회적 의미를 창출해내는지에 대해 탐구할 것이다. 그럼으로써, 진화생물학을 포함한 자연과학의 이론과 방법으로는 접근할 수 없는 언어의 사회적 의미에 대한 이론적 지평을 사회과학이 열어줄 수 있음을 보여주고자 한다.

　이 책에 제시된 우리 믿음과 행위에 관한 '사회적 설명'은 유전자 환원론의 힘과 한계에 대해서 도킨스와 노블 등의 생물학자들이 벌인 논쟁을 넘어서는 강력한 힘을 가지고 있다. 뒤르켐(Émile Durkheim)은 집단을 구성하는 요소인 개인의 합만으로는 도저히 설명할 수 없는, 집단이 만들어낸 분위기를 '집단적 열광'이라 불렀는데, 이는 집단이 개인에게 미치는 하방인과성의 예이다. 예를 들어 우리는 왜 록 그룹의 공연을 직접 가서 볼까? 이는 비용이나 시간 면에서 손해 보는 장사다. 텔레비전의 실황중계나 녹화 영상으로 바로 앞에 있는 것처럼 공연을 볼 수 있는데 말이다. 그러나 관객들이 '뿜어내는 열기'가 가득한 '집단의 분위기'는 혼자 집에서 공연을 볼 때는 느낄 수 없는 집단적 열광을 가능케 한다. 이 열광은 사람들이 '하나의 공통된 대상'—즉, 밴드의 공연—에 집중하는 데서 나타나는 밴드와 청중, 그리고 청중들끼리의 상호작용을 통해서 분출되는 '감정적 에너지'를 의미하며, 덕분에 공연의 즐거움은 더욱 커진다. 이는 개인의 차원을 넘어서는 '집단 수준의 설명'을 요구하는 것이고, 집단이 어떻게 위에서 아래로 개인에게 영향을 주는가의 메커니즘에 대한 구명을 요구한다. 모두가 알듯이, 축구 응원을 할 때 혼자 집에서 응원하는 것과 광화문 광장에 모여서 하는 것은 그 강도, 몰입, 열광이 다르다. '집단적 열광'은 구성원 개개인이 집에서 혼자 느끼는 것을 초월하는 엄청난 에너지를 불러일으킨다. 이런 집단적 열광의 힘은 바로 개인들이 맺는 '관계'에서 비롯되는 것이다.

이런 사회적 관계는 특정한 행위에 '사회적 의미'를 부여한다. 그리고 그 의미의 형성과 변화는 진화생물학을 포함한 자연과학으로는 설명할 수 없는 사회적 '차원'의 설명을 요구한다. 도킨스와 같은 유전자 환원주의자에게 인간의 섹스 행위는 다른 동물들과 마찬가지로 단순히 유전자를 '재생산'하기 위한 번식의 수단일 뿐이다. 그러나 인간은 섹스 행위에 셀 수도 없이 다양한 '의미'를 부여한다. 중요한 것은 이러한 의미들은 사회에서 인간들의 상호작용, 즉 그들이 맺는 '사회적 관계'에 의해서 창출되고, 파괴되고, 또다시 만들어진다는 사실이다. 왜 어떤 섹스는 음탕하고, 어떤 섹스는 숭고하며, 어떤 섹스는 아름답고, 어떤 섹스는 슬프고, 어떤 섹스는 수치스러운 것으로 묘사될까? 동물들은 이런 '의미의 구분'을 의식하고, 성찰하고, 이해할 수 없지만, 인간은 '똑같은 물리적 행위'인 섹스에 다양한 의미를 부여하고 구분한다.

죽음도 마찬가지다. 유전자 환원론자에게 죽음은 생물체 혹은 '표현형'(phenotype)의 소멸일 뿐이다. 물론 자손을 계속 번식시킨다면, 도킨스의 대선배이자, 신 다윈주의의 창시자였던 바이스만(August Weismann)의 말과 같이 "유전자는 영원히" 존속할 것이다. 그러나 인간에게 죽음은 육체의 소멸이란 물리적 현상을 넘어선 그야말로 다양한 '의미'를 갖는다. 왜 다른 시대와 문화에 속한 사람들은 죽음에 다른 '의미'들을 부여할까?

진화심리학자들은 인간이 섹스 행위에 부여하는 여러 의미도 진화론적으로 설명할 수 있고, 따라서 어떤 섹스가 '수치스러운 섹스'인가도 역시 진화생물학에 의거해서 설명할 수 있다고 반박할 것이다. 진화생물학자나 심리학자들의 설명은 간단하다. 수치심을 느끼는 것이 안 느끼는 것보다 자신의 생존에 유리하기 때문이다. 좀더 쉽게 풀어보자. 인간이 통증을 느끼는 것은 통증이 생존가치(survival value)를 가지기 때문이다. 통증을 못 느끼는 사람들은 상처가 나도 모르고, 자칫

비트겐슈타인과 규칙 따르기

생명마저 위험한 상황에 처하니, 통증을 느끼는 사람들만이 생존해 온 것이다. 마찬가지로 수치를 모르면 그로 인해 '인간관계'가 망가지게 되고, 또 그렇게 망가진 관계를 회복할 동기도 결여하기 때문에 결국 수치를 모르는 사람은 사회에서 도태될 것이다. 이것이 진화에서 인간이 수치심을 가지게 된 이유다.[6]

수치심이 어떻게 나타났는가에 대한 앞의 이야기는 모든 것이 '진화과정에서 나타난 적응의 산물'이라는 소위 팬글로시안적 관점 (Panglossian point of view)에서 본 '그렇고 그런 많은 이야기들' 중 하나이다.[7] 그러나 여기서 뭔가 중요한 것이 빠진 느낌이 드는 이유는 무엇일까? 진화생물학자들은 수치심을 물리적 통증과 같은 선상에 놓고 비교하지만, 그러한 통증과 다르게 수치심은 인간이 자신의 행위가 가진 '의미'를 대상화하고 성찰할 수 있기 때문에 가능한 것이다. 다시 말하면, 인간관계가 '망가지는 것'을 피하기 위해서 나타났다는 수치심은 인간관계가 망가진다는 것이 무엇을 '의미'하는가를 알고 있다는 '전제하'에서만 발현 가능하다. 그러나 인간관계를 망

---

6   D. Sznycer, D. Xygalatas, E. Agey, J. Tooby, "Cross-Cultural Invariances in the Architecture of Shame" 『Proceedings of the National Academy of Science』 115, 2018, pp. 9702-9707.

7   팬글로시안적 관점에 대한 비판은 다음 글을 참조할 것. Massimo Pigliucci & Jonathan Kaplan, "The Fall and Rise of Dr. Pangloss: adaptationism and the Spandrels paper 20 years later", 『Trends in Ecology and Evolution』15:66-77, 2000.

가뜨리는 행위의 의미는 사회적으로 '구성된' 것이기 때문에 통증에 대한 진화심리학의 설명과는 전혀 다른 '사회학적 설명'을 요구하는 것이다.

예를 들어보자. 조선시대 때는 말할 것도 없고, 70년대까지 한국 사회에서 여자가 '순결'을 잃는 것보다 수치스러운 것은 없었다. 우연히 텔레비전에서 보게 된 1973년에 만들어진 흑백영화에서 내가 어렸을 때부터 유명했던 안인숙 배우가 주인공으로 나왔다.[8] 주인공은 크리스마스 파티에서 실수로 순결을 잃은 후 집에 알려질까봐 두려워서 가출해 스스로 환락가로 들어간다. 이렇게 몸을 '망친' 주인공은 '상처'를 입고, 자신이 맺고 있던 가족과 친구관계를 스스로 파괴하고 만다. 이 여자의 '상처'를 이해하려면 그 상처가 무엇을 '의미'하는가를 이해해야 하고, 다시 상처의 의미를 이해하려면, 그가 몸담고 있는 사회를 이해해야 한다. '사회를 고려해야' 비로소 '상처'의 의미를 알 수 있고, 인간관계의 파괴를 이해할 수 있는 것이다.

풀어서 얘기해보자. 주인공 자신이 순결을 잃었다는 것의 '의미', 즉 그것이 수치라는 것을 알 수 있었던 이유는 자신이 잃은 것이 무엇인가를 '대상화'하고, 그에 대해 성찰했기 때문이다. 이 책에서 길게

---

8 1973년작인 이 영화의 제목은 '작은 새'이다.

비트겐슈타인과 규칙 따르기

논의하겠지만 그 성찰의 근거'는 사회화를 통해서 습득한 비트겐슈타인적 의미에서의 '규칙 따르기'이다. 규칙 따르기에 비춰봤을 때 자신은 규칙을 어겼고, 거기서 비로소 '수치심'을 느끼게 된다. 수치심은 '사회적 합의'인 규칙 따르기에 실패했다는 데서 나타나고, 이 여인은 거기서 좌절하고 상처받는 것이다. 자신의 행위를 성찰하고, 그 행위의 결과가 가지는 '의미'를 스스로에게 표시하는, 소위 '의미의 자기지시'(self-indication of meaning)를 통해서 수치스러움을 알게 되는 것이다.

바로 동물의 세계로 가보자. 늑대들은 수치심을 알까? 늑대 두 마리가 싸워서 한 마리가 졌다고 하자. 싸움에서 진 늑대가 영화의 주인공처럼 스스로에게 이렇게 말할까? "이번 싸움에서 내가 진 것이 정말 수치스럽다. 다음에는 이런 방식으로 싸워서는 승산이 없으니 다른 방법을 강구해야겠네!" 늑대는 영화의 주인공과 다르게 싸움에서 진 것을 객관화하고 대상화해서 성찰하고, 그 '의미'를 자신에게 표시하지 못하므로 패배에 기인한 '수치'를 알 수 없다. 싸움에서 진 늑대는 물려서 아프니까 수치심도 느끼지 못하고 도망간다. 인간과 다르게 자신의 행위를 대상화하고 성찰하는 과정을 가지지 못했기 때문이다. 인간이 여타 동물과 다른 '성찰'의 힘을 가졌다는 것이 이해됐다면, 곧 더 흥미로운, 진화생물학과 심리학이 결코 설명할 수 없는 '사회적 설명의 힘'을 이해할 수 있을 것이다. 요즘 젊은 이들이 앞에서 언급한 영화를 보면 어떤 반응을 보일까? 규칙 따르기에 실패한 이 여자의 좌절을 이해할까? 혹은 이 여자는 당시 사회의 '규칙 따르기', 쉽게 말하면 잘못된 사회구조의 희생물이라고 비분강개할까? 물론 후자일 것이다. 여기서 생물학적 설명과 사회적 설명의 결정적 차이가 등장한다. 즉, 사회적 설명의 중심에는 항상 행위의 '정당화 가능성'(justifiability)에 관한 논쟁이 개입된다는 것이다.

실수로 순결을 잃은 것이 한 여자의 일생을 망쳐야 하는가? 이것이 '정당화'될 수 있을까? 요즘 젊은이들은 당시의 사회구조를 여자를 희생양으로 삼는 남성 중심 문화의 극치라고 비판할 것이다. 다시 말하면, 그런 행태는 '정당화'될 수 없다고 '주장'할 것이다. 여자의 순결이 문제시되는 잘못된 규칙 따르기 대신에 남녀가 성적으로 평등한, 새로운 규칙 따르기가 나타나야 한다고 주장할 것이다. 늑대들은 자신들의 행위를 평가할 '늑대 집단[사회]의 평가기준' 같은 것은 아예 생각할 수도 없다. 단순히 고통스러우면 달아날 뿐이다. 늑대들은 싸움에서 이기고 지는 평가기준에 대한 생각조차도 할 수 없으며, 그런 기준의 '타당성에 대한 논쟁'은 더더구나 할 수 없다. 그러나 인간은 자신들을 평가해온 기준에 대해서 또 성찰적이며 비판적 평가를 할 수 있다. 그런 '비판적이며 성찰적 평가'가 가능한 이유는 인간만이 가진 언어가 지닌 특별한 기능, 즉 무엇이 사실이고, 옳고, 그른가

비트겐슈타인과 규칙 따르기

를 다루는, 언어의 '논쟁적 기능'이 존재하기 때문이다.[9]

　진화생물학자들은 인간 외에 다른 동물들도 '의사소통'능력이 있다고 이야기할 것이다. 그러나 동물들의 언어는 기껏해야 어디에 뭐가 있다는 것을 '나타내는' 기능만 있을 뿐이다. 무엇이 옳고 그른가에 대해서 핏대를 올리며 정당화하는 기능은 없다. 이에 대한 논쟁이 사회, 정치, 문화, 경제의 변화를 설명하는 데 가장 중심적이라는 것은 말할 필요가 없다. 다시 말하면, 우리 자신이 동물임을 인정한다해도, 우리는 다른 동물들과 달리, 상황을 해석하고, 성찰하고, 비판하고, 주장하고, 반론을 펴고, 무엇이 진리이고 무엇이 거짓인가를 끊임없이 추구하는, 동물 중 특별하다(unique)는 의미에서 '해괴한 동물'이란 말이다. 왜 해괴할까? 동물은 동물인데, 진화생물학이 설명할 수없는, '언어'를 통한 의미의 '창의적' 생산과 파괴, 재생산을 하고, 그렇게 자신들이 '창조한 의미'에 따라 움직이는 동물이란 말이다.

　이제 이미 길어진 글을 마무리 지어야 할 것 같다. '규칙 따르기'란 개념을 중심으로 논의를 전개해 나가려는 구상과 함께 든 생각은 내

9　언어의 논쟁적 기능에 관한 흥미로운 논의는 Karl Popper, 『Conjectures and Refutations』London: Routledge & Kegan Paul, 1963을 참조할 것. Charles Taylor의 책, 『The Language Animal: The Full Shape of the Human Linguistic Capacity』 Harvard University Press, 2016은 진화생물학을 직접 공격하지는 않지만, 인간의 창의적 언어능력이 어떤 면에서 동물의 단순한 인지능력과 다른가를 잘 보여준다.

가 강의시간에 사용했던 여러 흥미로운 '예'(example)를 통해서 추상적이고 어려운 이론 이야기를 쉽게 풀어내야겠다는 것이었다. 실제로 부르디외, 쿤, 테일러, 하버마스, 기든스, 푸코, 로티 등 세계 학계를 지배해온 이론가들의 논의는 그야말로 '고도로 추상적'이다. 좀 쉬운 예를 들어서 자신들의 이론을 예시하면 좋았겠지만, 이들은 예외 없이 추상적 이론의 차원에서 자신들의 지적 적수(intellectual enemies)들을 '격파'하는 데 몰두해서 학생들과 일반인들이 이들의 글에 접근하기 정말 어렵도록 만들어놓았다.

비트겐슈타인의 '규칙 따르기' 개념은 비트겐슈타인 철학의 중심에 있으면서도, 학생들뿐 아니라 전문 학자들도 그 개념을 명확히 이해하기 어려워하는 개념이다. 규칙 따르기를 예시하기 위해서 수열(數列)의 전개를 사용한 비트겐슈타인과 달리 이 책에서는 '오징어튀김'의 예를 통해 어린아이가 어떻게 사회에서 용인된 비상금 사용에 관한 규칙을 따라갈 수 있게 되는가를 보여주었다. 오징어튀김은 내가 어렸을 때부터 지금까지 가장 좋아하는 음식이며, 20년 전부터 비트겐슈타인을 강의할 때마다 늘 사용해온 예이다.

20세기 가장 영향력 있는 철학자로 꼽히는 리처드 로티의 『철학과 사회적 희망』(『Philosophy and Social Hope』)의 한 챕터는 '트로츠키와 야생란'(Trotsky and the Wild Orchids)이라는 특이한 제목을 달고 있다. 자전적 이야기를 담은 이 글에서 로티는 자신의 평생의 작업이 트로츠키적 사회주의에서 추구하는 '사회적' 정의와 자신이 개인적으로 사랑하고 아끼는 '개인적' 취향인 야생란에 대한 사랑을 동시에 충족시키는 철학적 관점을 발전시키는 것이었지만 실패했다고 적고 있다.

이 실패가 그 후의 로티 철학의 전개를 이해할 수 있는 단초를 제공하는데, 짧은 서문에서 어려운 로티 철학을 얘기하고자 하는 것은 아니고, 로티가 '트로츠키와 야생란'이란 제목을 택한 것은 개인적으로 가장 사랑했던 '야생란'의 예가 자신의 철학적 주장의 핵심을 가장 잘 나타낼 수 있다고 생각했기 때문이다. 이 책 첫장의 제목을 '비트겐슈타인과 오징어튀김'으로 정한 것도 (사실은 책 제목 자체를 『비트겐슈타인과 오징어튀김』으로 하고 싶었다) 비트겐슈타인의 규칙 따르기를 이해하는 데 이 예가 가장 중심적인 것이기 때문이다.

서울대학교 의과대학의 초청을 받아 강연한 적이 있었다. 200여 명의 의대교수와 전공의 들이 참여한 이 강연에서 피에르 부르디외와 토마스 쿤의 '과학혁명' 이론을 소개하고 비교했는데, 이때 쿤의 패러다임(paradigm)과 부르디외의 아비튀스 개념을 비트겐슈타인의 규칙 따르기 개념으로 이해할 수 있도록 하기 위해 사용했던 예가 바로 아이가 비상금의 개념을 오징어튀김을 통해서 이해하게 되는 과정이다. 나는 고도로 추상적인 이론적 논의를 얼마나 잘 이해했는가는 실생활에서의 흥미로운 예를 들어서 추상적인 이론을 설명할 수 있는 가에 의해 결정된다고 생각한다. 의대교수들이 오징어튀김을 사용한 규칙 따르기 예시를 통해서 패러다임과 과학적 아비튀스를 얼마나 잘 이해할 수 있을까라는 나의 의구심은 강연이 끝나고 받은 많은 질문들을 통해서 여지없이 깨졌다. 강연은 대성공이었고, 질문들이 많아서 강연이 끝나고도 30분이나 더 남아서 질문에 대답했던 기억이 난다.

나는 세상에는 두 종류의 사람이 존재한다고 생각한다. 일상에서 벌어지는 모든 일들을 별 생각 없이 "그게 인생이지, 뭐" 하고 지나치는 사람이 있는가 하면, 그런 문제들에 대해서 진지하게 생각하고, 그 이유를 곰곰이 정리해보는 사람들이 있다. 독자들은 내가 첫 번째 유형의 사람들보다 두 번째 '심각한' 유형이 옳은 사람들이라 여길 것이라 생각하기 쉽지만, 나는 어느 유형의 사람이 옳고, 그르다고는 생각하지 않는다. 그것은 누구는 커피를 좋아하고, 누구는 미숫가루를 좋아하는 등의 '취향' 문제이다. 사르트르(Jean Paul Sartre)가 프루스트(Marcel Proust)를 공산주의를 열렬히 지지하지 않는다고 비난했다고 해서 그가 프루스트보다 옳거나 훌륭한 사람은 아니다.

이 책은 우리가 일상에서 겪는 일들을 '몇 꺼풀' 더 벗겨서 생각해보고 싶은, 어떻게 보면 '쓸데없이 진지한 사람들'을 위해서 쓰였다.

예전엔 이런 종류의 '쓸데없이 심각한' 얘기에 관심이 없었던 사람들도 이 책을 읽고 '심각한 생각하기 클럽'에 가입했으면 좋겠다는 바람도 해보지만, 다른 한편으로는 약속과 다르게 쉬운 입문서가 아니라 또 다른 어려운 책을 쓰지 않았나 하는 걱정이 되는 것도 사실이다. 이 책을 통해서 독자들이 더 넓고 깊은 사유의 세계로 여행할 수 있기를 바라본다.

차례

1

비트겐슈타인과 오징어튀김:

규칙 따르기로서의 사회구조

1 ── 우리는 무엇을 숭배하는가?

마르크스(Karl Marx), 베버(Max Weber)와 함께 사회학의 비조라 불리는 에밀 뒤르켐은 "사회는 신이다"(Society is God)란 명제를 자신의 사회학의 중심에 놓고 그의 이론적 사유를 전개해 나갔다. '사회는 신이다'란 명제는 일견 원시사회에만 적용되는 명제인 것처럼 보이지만, 뒤르켐의 이 명제는 현대사회에도 완벽하게 적용되는 매우 깊은 이론적 함의를 가지고 있다. 이 명제는 이 책 전체를 관통하는 중심사상을 이해하는 데 중요한 통찰을 제공하기 때문에 이에 대한 얘기로부터 시작해보자. '사회는 신이다'라는 명제는 '사회=신'이라는 등식을 연상시킨다. 신은 우리가 숭배하는 대상이니까, 사회가 신이라면 우리는 사회를 숭배하는 것이라는 말이 된다. 사회는 보이지도, 만질 수도, 냄새 맡을 수도 없는데 어떻게 숭배한단 말인가? 교회에 가면 십자가가 있고, 성당에 가면 마리아 상도 있고, 절에 가면 불상이 있어서 종교적 의례 혹은 의식을 거행하는데, '보이지 않는 사회'를 어떻게 숭배할까?

이 명제를 이해한다는 것은 '사회'가 무엇을 의미하며, '숭배'는 무엇을 의미하는가를 이해하는 것과 같다. 뒤르켐에 따르면 원시사회는 종교적 의례의 연속이고, 이들 사회의 구성원들은 그런 의례를 신성시하고, 그를 위반할 시에는 처벌이 따른다. 따라서 이들 원시사회는 의례의 집합으로 정의되고, 그들이 숭배하는 것은 이런 의례의 집합이라 할 수 있다. 이제 숭배한다는 말을 좀 더 쉽게 풀어 쓰면, 그런 의례를 '존중'한다고 해석할 수 있다. 예를 들어서 원시사회에서 그들이 신성시하는 토템을 훼손하거나, 그 앞에서 해야 하는 의례를 무시한다면, 그것은 사회성원들의 '집합적' 분노를 초래하고, 결과적으로 그 구성원은 처벌받을 것이다. 이제 바로 이 논리를 현대사회에 적용해보면 우리가 숭배하는 것이 무엇인가가 곧 드러난다. 원시사회와 다르게 우리 사회는 다원화되어 있고, 종교도 다원적인 세계에 살고 있다. 이미 '세속화'(secularization)된 다원적 사회에서는 특정한 종교적 의례는 그 종교를 믿는 사람에 국한되며 우리의 일상에서 종교적 의례는 모두가 존중하고 지켜야 할 사항은 아니다.

하지만, 이렇게 다원적인 현대사회에서도 우리가 특정한 종교를 초월해서 시민으로서 준수해야 하는 '사회적 의례'들이 있다. 즉, 우리는 스스로 만들어낸 의례를 지키고, 그런 의미에서 그 의례들을 숭배한다는 것이다. 여기서 숭배한다는 것은 우리 사회의 사회적 규범을 준수 혹은 '존중'하고 지킨다는 뜻이다. 예를 들면 어른 앞에서 다리를 꼬지 않고 경어를 쓰는 것 모두가 우리의 사회적 규칙을 존중하고, 숭배하는 것을 의미한다. 만일 이런 사회적 규칙을 숭배하지 않고 오히려 모욕하고 어기면, 그건 당연히 집단적 분노를 유발하고, 비난받을 것이다. 마찬가지로 투표장에 가서 한 표만 행사해야 한다는 것은 우리가 사회적으로 '약속'한, 만들어진 규칙이다. 한 표만 투표할 수 있는 것은 우리가 '만들어내고 지키기로 한 규칙'이지, 꼭 그래야 한다는 근거는 없다. 한 사람이 두 표를 행사하는 사회도 얼마든지 존재할 수 있기 때문이다.

투표행위가 민주주의 사회에서 꼭 필요한 행위라면, 뒤르켐과 그의 전통 안에서 연구를 연장시킨 고프만(Erving Goffman)이 주장한 것처럼, 투표도 우리가 일상에서 행하는 소위 '상호작용의례'(interaction ritual) 중 하나라고 할 수 있다. 우리가 학교에서 돌아와 '다녀왔습니다'라고 인사하는 것이나, 친구를 만났을 때 '잘 지냈냐?'라고 말하는 것은 일상적 · 사회적 상호작용에서 우리를 '합리적'으로, 즉, 정상으로 보이도록 하는 일종의 의례들이다. 길에서 만난 친구가 '잘 지내?'

라고 말했는데, 그냥 모른 척 지나치면, 정상이 아니라는 소리를 듣는 것은 당연하다.

예를 더 들어보자. 결혼 기념일에 남편이 아내에게 '오늘 결혼 10주년 축하해요'라며 '말로만' 축하하면 아내의 반응은 어떨까? 우리는 결혼 10주년이 되면 서로에게 커다란 선물을 준비하고, 근사한 곳에 가서 식사를 하고 축하한다. 이것을 허례허식이라고 생각해서 아무것도 안 한다면, 우리 생활에서 많은 부분을 하지 말아야 할 것이다. 생일 파티도, 환갑잔치도 은퇴식도 모든 것이 허례허식이라고 하지 말아야 할까? 답은 아마 독자들이 알고 있을 것이다. 우리의 생활은 '잘 자라', '안녕히 주무셨어요' 등 매일매일의 의례부터 시작해서, 졸업식, 생일 등의 좀더 공식적인 의례의 연속이다. 우리가 이런 의례들을 사소하다거나 해서 무시하거나 지키지 않는다면, 우리 사회는 커다란 혼란에 빠지고 질서를 잃게 될 것이다. 우리가 삶을 부드럽게 유지할 수 있는 것은 이런 의례를 숭배하고, 지키고, 존중하기 때문이다.

하지만, 이런 의례들은 아무렇게나 이루어지는 것은 아니고, 어떤 '특정한 방식'으로 행해야 하고, 따라서 그런 의례들은 일련의 '규칙'을 따라서 이루어진다. 마치 종교에서 어떤 의례가 이루어지고 나면 그 다음 의례 등은 이후에 이어지는 것처럼, 사회에서의 의례도 일정

비트겐슈타인과 규칙 따르기

한 순서를 따라서 특정한 방식으로 행해져야 한다. 그런 의미에서 사회적 의례는 마치 도덕적 힘을 가진 것처럼 우리를 구속하고, 이를 어기는 사람은 '일련의 규칙'을 지키지 않는 것으로 간주된다.

2 ── 오징어튀김과 비상금: 규칙 따르기란 무엇인가?

사회과학에서 가장 많이 등장하면서도, 막상 그게 무엇인지 말해보라고 하면 학생들이 매우 어려워하는 개념이 바로 '사회구조'이다. 사회구조란 말은 사실 우리가 일상에서 흔히 쉽게 사용하지만, 실제로 이를 '정의'하라고 하면 누구나 어려움을 느끼게 된다. 기든스 같은 사회이론의 대가도 그의 수많은 저작에서 사회구조를 비트겐슈타인을 따라 규칙 따르기로 개념화하지만[1], 톰슨이 비판했듯이, 사회구조가 어떤 의미에서 '규칙 따르기'인가를 밝히는 데는 실패했다.[2]

일단 사회학에서 통용되는 한 가지 '정의'를 살펴보자. 뉴월드 백과사전(New World Encyclopedia)에는 "사회구조란 사회 안에 존재하는 사회적 관계의 패턴을 의미한다. 이런 구조는 사회 구성원 간의 상호작용을 규제하며, 그런 의미에서 문화적 규범 안에서 문화적 가치에 의

---

1 기든스는 그의 대표 저작, 『The Constitution of Society: Outline of the Theory of Structuration』 Berkeley, University of California Press, 1986에서 규칙 따르기로서의 사회구조를 논하고 있다.

2 John Thompson, 『Studies in the Theory of Ideology』 London: Polity,1984, p. 156.

해서 정의되는 문화적 목표를 달성하기 위한 지침을 제공한다"라고 정의되어 있다. 일단은 이해하기 쉽지 않은 정의이다. 이 정의 전체를 생각하는 것은 복잡하니 앞부분 문장 하나만 생각해보자. 사회구조란 '사회적 관계의 패턴'이라는데 패턴이란 그야말로 구조라는 말을 그냥 번역해놓은 동어반복 아닐까? 앞에서 말한 정의의 후반부에 의거하면 사회구조는 상호작용을 '규제'하는 '지침'이다. 빌딩의 구조를 생각해보면 논의가 쉬워질 것이다. 지침이란 말은 우리가 따라야 할 어떤 정해진 길을 연상시킨다. 빌딩의 구조를 생각해보자. 우리가 빌딩 안의 특정한 방에 들어가려 할 때는 빌딩의 입구를 따라서 복도를 통해 그 방에 다다를 수밖에 없다. 3층을 가는데 귀찮다고 해서 계단이나 엘리베이터를 이용하지 않고 가고자 하는 곳에 '날아들어' 가거나, 문을 부수고, 가까운 직선거리로 갈 수는 없다. 정해진 '루트', 즉 구조를 통해서 도달할 수밖에 없다. 이런 의미에서 구조는 일종의 '제약'으로 여겨졌고, 사회과학에서는 사회구조가 이런 '제약'의 의미로 통상 사용되어왔다. 위에서 말한 '지침'이라는 것도 사회적 상호작용을 '규제'하는 일종의 제약으로 생각되었던 것이다.

구조가 '제약'이라는 생각은 마치 구조가 어떤 바꿀 수 없는 구조물인 것으로 생각하게 만들었고, 그 결과 우리가 이 구조를 '만들어내고' 또 '부술 수도', '바꿀 수도' 있다는 중요한 사실을 간과하도록 만든 것이다. 다음에서 논의할 구조의 성격은 이러한 '제약'으로서의 구조가 아니라, 사회 구성원들이 계속 만들어내고, 부수고, 다시 만들어 내는 유연한 구조를 의미한다. 이렇게 말하면 독자들은 위의 전통적인 사회구조에 관한 정의보다 더 복잡하고 추상적인 논의를 전개할 것으로 생각할 수 있다. 하지만 아래의 논의에서는 사회구조란 무엇인가를 구체적으로 쉽게 예시하려 한다. 사회구조는 우리가 구체적으로 '만질 수 있는' 혹은 '냄새 맡을 수 있는' 구체적인 사물일까? 이런 우스꽝스러운 질문을 하는 데는 이유가 있다. 우리가 밖의 세계의 어떤 사물이 무엇인가를 알고자 할 때 제일 먼저 하는 것은 '만져보는 것'이다. '보고', '만져보고', '냄새 맡아보고' 해도 이 물체가 어떤 것인가가 파악이 안 되면, 돌로도 쳐보는 등, 여러 방식으로 이 물체의 성격을 파악하려 할 것이다. 그러나 '사회구조'란 개념은 만질 수도, 볼 수도, 냄새 맡을 수도 없는 어떤 것이다. 여기서 볼 수도 없다는 것은 물론 단서가 붙는다. 즉, 볼 수는 있지만, 내 앞에 있는 만년필처럼 전체를 볼 수는 없다는 것이다. 가뜩이나 지루한데 얘기를 이렇게 복잡하게 하느냐는 독자들을 위해서 바로 예시로 들어가자.

우리는 어떤 상황에서 어떤 행동을 해야 남들 눈에 '합리적'인 사람, 혹은 더 쉽게 말하면 '정상'으로 보이는가를 안다. 라디오에서 들은 얘기를 하나 해보자. 라디오 방송에 어떤 청취자가 보낸 이 사연을 듣고 나는 깜짝 놀라면서도, 즉각 이 이야기를 사회구조와 연결시키면 재미있겠다고 생각했다.

사연은 이랬다. 이 사연을 보낸 남성은 며칠 전에 소개로 어떤 여성을 만났는데, 얘기 끝에 식사를 같이 하게 되었다고 한다. 그런데 식사가 끝나자, 앞에 앉은 여성은 자신이 신고 있던 짧은 양말을 홀랑 벗어서 입을 싹싹 닦더라는 것이다. 사연을 보낸 남성은 이런 일을 당하고 나서 어찌나 기가 막히는지 라디오에 자기가 당한 황당한 일을 하소연했는데, 이 남성은 다음과 같이 썼다. "아니 싫으면 싫다고 말하든지, 혹은 다른 방식으로 표현했으면 좋았을 걸, 양말을 벗어서 입을 닦는 것은 뭡니까?" 독자들은 무엇이 이상한지 금방 알 것이다. 앞에서 말한 '지침'을 벗어났다는 것을 말이다. 여기서 이야기는 재미있어진다. '싫다고 직접 말하든지, 혹은 다른 방식으로 표현하면 좋았겠다'는 대목에서 다른 방식이란 무엇을 말할까? 정말 많은, 다양한 방식이 존재한다. 예를 들면, 적당한 핑계를 대면서 식사를 거절하고 자리를 떠나면 된다.

여기서 또 문제가 발생한다. 어떤 핑계가 '적당'한 핑계일까? 무엇이 적당하고, 적당하지 않은 핑계가 될까? 다시 말하면 어떻게 하면 자신이 어떤 '지침'에서 벗어나지 않았다는 인상을 남기지 않고, 남자에게 자신의 의사를 표현할 수 있을까? '적당한' 핑계를 몇 가지만 들어보자. 내일 할 일이 너무 밀려서, 감기기운이 있어서, 제사가 있어서 준비를 해야 한다거나, 혹은 체한 것 같아서 식사를 못하겠다 등이 그 몇 가지이다. 상대 여성이 싫은 상황을 회피하기 위해 이용할 수

비트겐슈타인과 규칙 따르기

있는 '적당한' 핑계의 범위를 벗어난 짓을 했기 때문에 이 남성은 방송국에 하소연한 것이다. 정상인 성인들이라면, 양말을 벗어서 입을 닦는 행위는 모욕적일 뿐 아니라, 더 나아가서 뭔가 이 여성이 정상이 아님을 금방 알아차릴 것이다. 다시 말하면, 이 여성은 어떤 경계를 넘어서 규칙을 위반했다는 것이다. 그렇다면 그 경계를 우리는 말로 다 쓸 수 있을까?

이제 앞의 논의를 정리해보면 우리는 사회적 상호작용을 할 때 어떤 지침이 있다는 것은, 즉 구조를 따르는 것은, 어떤 '규칙'을 따라간다는 것을 알 수 있다. 그런데 이 규칙은 따라갈 수는 있고, 또 언제 위반했는가는 알 수 있지만, 불행히도 그 전체를 다 쓰고 셀 수는 없는 것이다. 위에서 '적당한'의 모든 예를 들 수 있을까? 그리고 '적당한'과 '적당하지 않은'이라는 판단의 경계는 어디일까? 우리는 규칙을 따라갈 수는 있지만, 적당함과 적당하지 않음을 구분할 수 있는 '센스 (sense)', 즉 '감(感)'을 말이나 글로 다 쓸 수는 없다. 그럼에도 불구하고 어떨 때 적당한 선을 넘었는지는 판단할 수 있다. 위의 예에서 '양말로 입을 닦는 행위'는 적당한의 '범위'를 넘어섰다는 것을 독자들과 나는 알고 있다. 상호작용을 할 때 지켜야 할, 그러나 말로는 다 할 수 없는 '암묵적' 규칙을 사회성원이 '익혀 나가는' 과정을 우리는 사회화 과정이라고 부른다. 아! 그렇다면 사회화가 제대로 된 사람은 규칙을 잘 따라갈 수 있다는 것을 알 수 있다. 사회화란 사회에서 상호작용시 따르도록 요구되는 규칙을 몸에 '체화'하는 과정을 말하는 것이다.[3] 다 이해한 것으로 알았는데 '체화'란 또 무엇인가?

'체화'(embody)한다는 말이 뜻하는 것을 이해하기 위한 예를 하나 들어보자. 우리는 '비상금'의 뜻을 안다. 그러나 비상금의 정의를 얘기하라면 참 난감하다. 왜? '비상금'은 '비상시'에만 쓰는 돈을 의미하는지 알지만, 보통 상황과 대비되는 의미에서 '비상시'를 정의하기 어렵기 때문이다. 정의하라면 '~때', '~때' 등이 비상시라고 끝도 없이 나열해야 하기 때문이다. 이 '~때'의 모든 경우를 닫힌 집합을 써서 명시적으로 제시할 수 있을까? 비상시는 어떤 때를 의미하는가? 강의 시간에 내가 비트겐슈타인의 유명한 개념인 '규칙 따르기'(rule-following)를 사회구조와 사회화라는 개념과 연결하기 위해서 고안한 예를 들어보자. 규칙을 체화(體化)한다는 것은 무술을 배우기 위해 오랜 시간을 수련해서 무술의 동작이 마치 간장게장을 담글 때 시간이 지나면서 간장이 게에 스며들듯 내 몸에 스며드는 것 혹은 배어드는 것을 의미한다. 이것은 시간을 요하며, 따라서 사회화는 어렸을 때 가정에서부터, 학교로 상호작용의 무대가 넓어지면서 점진적으로 일어

3　이렇게 체화된 지식(embodied knowledge)이 사회구조라는 것을 사회학적으로 밝혀낸 사람이 바로 민속방법론(Ethnomethodology)의 창시자인 해럴드 가핑클이다. 가핑클은 일상의 행위자들이 서로의 행위의 합리성을 판단하는 데 사용하는 고유의 판단기준은 이론가들이 만들어낸 이론으로는 '포착할 수 없다'고 주장했다. 비트겐슈타인의 규칙 따르기에 대한 다음 논의는 왜 민속방법론의 한 축이 비트겐슈타인이었는가를 명확하게 해줄 것이다.

비트겐슈타인과 규칙 따르기

나는 현상이다.

　사회화가 아직 덜 된, 따라서 사회적 규칙 따르기를 아직 몸에 익히지 못한 아이의 예를 들어보자. 학교에 갈 때 어머니가 돈을 주면서 이것은 "'비상금'이니까, '비상시'에만 써야 돼"라고 당부했다. 비상금의 '의미'를 이해했다고 생각한 아이는 씩씩하게 등교해 공부를 마친 뒤 집으로 오는 길이었다. 그런데 학교 앞 노점의 고소한 오징어튀김 냄새가 코에 '솔솔' 들어왔다. 꼬마는 이것이 '비상시', 즉 비상상황이라고 생각했다. 왜? 엄마가 매우 사랑하는 내가 배가 고파서 괴로워하고, 힘들어하면 엄마가 슬퍼할 테니까 이는 분명히 비상상황이다. 이 아이는 따라서 엄마 마음을 편하게 해드리려면 오징어튀김을 사먹고 씩씩하게 집으로 가야 한다고 생각하고 오징어튀김을 맛있게 먹고 집에 왔다. 정말로 논리적으로 결함이 없는 훌륭한(?) 추론이다. 그러나 결과는 어떨까? 야단을 맞고 깨달은 것은 배고픔은 비상상황이 아니라는 것이었다.

　둘째 날 다시 비상금을 받은 이 아이는 결심을 단단히 하고, 오늘은 먹을 것에 한눈을 팔지 말아야지 하며 교문을 나섰다. 그런데 이번엔 교문 바로 앞 문방구에 진열된 새로 나온 연필과 필통이 눈길을 끌었다. 아이는 긴장하면서 이건 비상상황인가 아닌가를 가늠해보았다. 그런데 결론은 "이거 정말 비상상황이구나!"였고, 냉큼 연필과 필통을 샀다. 아이의 논리는 이번에도 정연했다. 왜? 평소에 엄마가 가장 강조하던 것이 무엇이었나? 공부를 잘 해서 훌륭한 사람이 되라는 것이었다. 그런데 이 필통과 연필을 사지 않으면 하루 종일 눈앞에 연필과 필통이 어른거릴 거고, 그렇게 되면 엄마가 그토록 원하는 공부를 못해 성적은 엉망이 될 것이다. 그렇게 되면, 엄마도 나도 불행해질 것이고, 슬픔에 빠질 것이다. 이것이 '비상상황'이 아니면 무엇이 비상상황인가? 아이는 이런 '훌륭한' 추론 끝에 '확신'에 차서 연필과 필통을 사버렸다. 독자들은 아이가 또 어머니에게 야단 맞고 비상시와 '평상시'의 '경계'에 대한 일장연설을 들었을 것을 쉽게 예측할 수 있다.

그럼 아이는 자라면서 어떻게 어머니가 말한 '비상시'의 '의미'를 이해하게 되고, 어머니가 사회의 다른 성원들과 '공유한' 비상금의 의미를 알게 되었을까? 우리는 어머니가 어떤 때는 비상시이고 어떤 때는 아니라는 것을 일일이 '나열'해서 공책에 쓴 것을 아이가 외워서 그 의미를 습득한 게 아님을 알고 있다. 우리는 자라면서 수많은 상황에 접하고, 다양한 상호작용 상황을 통해서 무엇이 비상시이고 아닌지를 '구별'하게 되는 것이다. 아이가 자라나서 성인이 되고, 어머니가 '비상'이라는 말을 사용할 때 의도한 말의 '의미'(정확히는 '감', sense)를 몸에 익혔을 때 그는 비로소 비상금을 어떻게 사용해야 하는가에 대한 '규칙'을 체화했다고 할 수 있다.

비트겐슈타인이 "단어의 의미는 그 단어 안에 '내재'하는 것이 아니라 그것이 어떻게 사용되는가에서 찾을 수 있다"[4]고 말했을 때, 그는 '비상시'의 의미가 '비상'(非常)이라는 단어가 품고 있는, 혹은 그 '안'에 존재하는, 어떤 움직일 수 없는 고정된 의미에 의해 주어지는 것이 아니라, 한 사회 혹은 집단이 사용하는 언어놀이(language game)에서 그 단어를 '어떤 경우에 사용'해야 하는가를 몸에 체화함으로써 '얻어지는' 것임을 지적하고 있다. 각기 상이한 사회가 서로 다른 언어게임을 한다는 것은 이 집단들의 구성원들이 비상금이란 단어를 사용하는 '방식'이 다르다는 것을 의미한다. 아이가 자신의 어머니가 속한 사회의 언어게임을 능숙하게 하려면, 오징어튀김을 사먹는 것이 정당한 규칙 따르기로 인정되는 언어게임, 혹은 연필과 필통을 사는 것이 정당한 규칙 따르기로 인정되는 언어게임과는 다른 규칙을 체화해야 한다. 이러한 '체화 과정'은 찰스 테일러가 소위 '암묵적 배경'(implicit background)이라 부른, 일련의 명시적 명제로 환원될 수 없는 배경지식(background)을 '체화'하는 과정이다.[5]

---

4   Ludwig Wittgenstein, 『Philosophical Investigations』, G.E.M Anscombe 번역, Oxford: Basil Blackwell,1958, I, sec. 43.

5   테일러는 그의 여러 저작에서 비트겐슈타인의 규칙 따르기의 요체를 그가 소위 '배경'이라 부른, 명시적으로는 표현할 수 없는, 특정한 한 집단이 공유하는 암묵적 혹은 실천적 지식(practical knowledge)으로 간파한다. 이런 맥락에서 테일러는 부르디외의 실천이론을 비트겐슈타인의 규칙 따르기와 연결시키고 있는 것이다.

필자가 큰딸을 키우면서 직접 경험한 얘기를 해보면 앞의 논의를 더 쉽게 이해할 수 있을 것이다. 어린 딸에게 재미로 셈을 가르칠 때 이렇게 물어봤다. "여기 하얀 곰이 다섯 마리 있고, 까만 곰이 두 마리 있는데 하얀 곰이 까만 곰보다 몇 마리가 더 많을까?" 딸은 내가 예상하지 못했던 '이상한' 답을 내놨다. "아빠, 어떻게 하얀 곰에서 까만 곰을 빼?" 우리 사회에서의 셈법, 즉 규칙 따르기는 당연히 여기서 곰의 색깔과 다른 특성들은 무시하고, 단순히 곰의 '수'에만 초점을 맞추고 있다. 그러나 한 번 더 생각해보면 딸의 답이 정답인 사회도 물론 존재할 수 있다. 딸이 상정하는 사회의 구성원들의 언어게임에서는 서로 색깔이 다른 하얀 곰과 까만 곰을 비교하는 것은 가능하지 않은 것이다.

사회에 잘 적응하고 잘 사회화된 사람은 누구인가? 그들은 말로는 다할 수도 적을 수도 없는 '암묵적인' 규칙을 잘 따라가는 사람이다. 이런 사람이 훌륭한 시민인데, 이들은 사회구조를 '체화'했기 때문에 무수히 많은 상황에서 남들에게 '정상'으로 보이는 것이다. 이제 사회구조는 일련의 '규칙 따르기'로 이야기될 수 있을 것이다. 사회구조를 잘 모르는 사람은, 사회화가 덜 된 사람이고, 결과적으로 다른 사람들에게 '비정상'적으로, 혹은 '비합리적'으로 보이는 것이다. 이제 사회구조가 왜 냄새 맡을 수도, 또 만질 수도 없지만, 몸에 밴, 혹은 체화(體化)된 성향으로 여러 상호작용에서 '보여지는'지를 이해할 수 있을

것이다.[6]

하지만, '규칙 따르기'로서의 사회구조는 그 '전체'를 결코 볼 수 없고, 여기, 바로 이 장소에서 사람들이 상호작용할 때만 보인다. 왜 그럴까? 앞에서 누누이 강조한 것처럼 어느 누구도 결코 우리가 따라가는 사회적 규칙 '전체'를 한꺼번에 '나열'할 수 없기 때문이다. 예전 조선일보에 500회를 연재로 끝난 이규태의 '한국인의 의식구조'란 칼럼이 있었다. 재치 있는 문장으로 한국인의 의식구조를 그려낸 이 칼럼은 큰 인기를 끌었던 것으로 기억하는데, 500회에 끝난 건 왜일까? 더 쓸 거리가 없어서가 아니라, 계속 써도 끝이 없어서 500회로 막을 내린 것이다. 한국인이 의식구조에 대한 이야기가 어찌 500회분밖에 안 될까?

여기서 좀 어려운 얘기로 넘어가보자. 한국인의 의식구조라는 말을 할 때 우리는 정말로 한국인의 '의식'의 심층, 즉, 구조를 들여다보았다는 걸 의미하는가? 어떻게 의식의 심층을 들여다볼 수 있을까? 레비스트로스(Claude Levi-Strauss) 등과 같은 구조주의자들이 말하듯이 의식의 '깊은 구조'(deep structure)를 찾아낼 수 있다는 말인가?

---

6 가핑클과 민속방법론자들은 이를 "보이지만 드러나지는 않는 사회행위의 성질"('seen but unnoticed features' of social action)이라 부른다. 가핑클의 대표작, 『Studies in Ethnomethodology』 New Jersey: Prentice-Hall, 1969의 여러 곳에서 그가 비트겐슈타인으로부터 커다란 영향을 받은 것이 나타난다.

비트겐슈타인이 말한 규칙 따르기는 의식구조와는 전혀 상관이 없다. 20세기 인류학에서 가장 커다란 업적을 남긴 인류학자 중 하나인 클리포드 기어츠는 자신의 연구에서 하나의 커다란 인식론적 전환은 인류학 연구가 의식구조를 연구하는 것이 아니라, 비트겐슈타인의 규칙 따르기를 연구하는 것을 깨달은 데 기인한다고 고백한다.[7] 인류학자는 어떻게 자신이 연구하는 부족, 혹은 종족의 세계를 '이해'할 수 있는가? 전통적 인류학 연구는 소위 '참여자 관찰'과 '감정 이입'(empathy)을 통해서 연구대상자의 '주관적이고, 사적인 의미세계'를 이해할 수 있다고 생각했다. 기어츠가 비트겐슈타인으로부터 얻은 통찰은 전통적인 감정이입을 통해서는 이질적 문화를 가진 사람들의 세계를 '이해할 수 없다'는 것이다. 비트겐슈타인은 기어츠에게 의미는 '공적'(public)인 것이지 어떤 개인의 사적·심리적 상태가 아니라는 점을 알려준 것이다.

내가 겪은 일을 예로 들면 이해가 쉬울 것이다. 아주 오래전 공휴일에 필요한 책이 있어서 연구실에 간 적이 있었다. 엘리베이터를 타려고 기다리는데 누가 옆에 와서 인사를 하는 것이었다. 몇 년 전에 졸업한 여학생이라 반가웠는데, 옆에는 장대같이 커다란 서양 청년이

---

7   Clifford Geertz, 『Available Light: Anthropological Reflections on Philosophical Topics』, Princeton University Press, 2000.

함께 있었다. 누구냐고 물었더니 결혼할 사람인데 미국 공군조종사라고—A라고 하자—소개했다. 학교 구경을 왔다고 해서 이런저런 얘기도 할 겸 내 방에 와서 차를 한 잔 마시는데 내 앞에 앉았던 A가 갑자기 화들짝 놀라면서 꼬고 있던 다리를 내리는 것이었다. 나는 웃으면서 편히 앉으라고 얘기했다. 아마 내 제자가 한국에서 어른 앞에서 다리 꼬고 앉는 것은 '무례'한 것이라고 가르친 일이 뒤늦게 생각나서 그랬던 것 같다.

A를 한국문화를 이해하고자 하는 인류학자라고 생각해보자. A가 갑자기 꼬고 있던 다리를 내린 것은 그가 한국에서 무례의 '의미'를 이해하고 있기 때문일까? 즉, 그런 자세가 앞에 있는 어른인 나의 기분을 '상하게' 하고, 그런 무례로 상한 나의 감정을 A가 '감정이입을 통해 느낄 수' 있어서일까? 어린 사람이 어른 앞에서 다리를 꼬고 앉아서 촉발되는 한국 어르신들의 '기분 나쁨'을 A가 감정이입을 통해서 똑같이 느낄 수 있을까? 불가능하다. 왜? 미국에서는 누구를 막론하고 다리를 꼬고 앉아 있다고 해서 기분이 상하는 일은 없기 때문에 미국인들은 한국의 어르신들이 느끼는 기분 나쁜 감정이 어떤 것인가를 알 수도 느낄 수도 없다.

A가 화들짝 놀라서 다리를 내린 것은 비상금의 의미를 '단번'에 이해하지 못하고 많은 '시행착오'를 거친 후에야 깨달은 아이처럼 한국

인의 예절을 익히기 위해 거쳐야 하는 수많은 시행착오 중 하나였던 것이다. 다시 말하면, A가 한국의 사회구조를 이해하는 것은 한국인과 똑같이 '느껴야 하는' 감정이입과는 아무런 관계가 없고, 어떤 상황에서 어떤 규칙을 따라야 다른 사람에게 무례를 범하지 않는가를 '몸으로 학습'하는 것이라는 점이다.

기어츠로 다시 돌아가보자. 인류학자가 다른 문화를 이해하는 것은 그 문화에 속한 사람들의 감정을 감정이입을 통해서 이해하는 것이 아니고, 그들이 살아가면서 겪게 되는 여러 상황에 원주민들과 똑같이 '적절하게' 대처할 수 있는 '능력'을 습득하는 것이다. 다시 말하면, 이 능력은 인류학자가 원주민들의 언어게임이 요구하는 규칙 따르기에 '동참'할 수 있는 능력이다. 비트겐슈타인의 영향을 받은 기어츠에게 인류학적 이해는 원주민 개인의 심리적 세계를 감정이입을 통해서 느끼는 것이 아니라, 원주민들이 공유하는 규칙을 따라갈 수 있는 능력을 습득하는 것을 의미한다. 어떤 사람이 규칙을 따라갈 수 있느냐 없느냐는 모두가 확인할 수 있는 공적인(public) 것이지, 개인의 의식처럼 확인할 수 없는 사적인 것(private)이 아니다. 어떤 행위는 규칙을 준수한 것이고, 어떤 행위는 규칙을 위반한 행위인가를 '식별'할 수 있는, 몸에 체화된 감을 가지면, 인류학자는 그들의 규칙 따르기를 따라갈 수 있게 된 것이고, 그들의 세계를 이해하게 되었다고 할 수 있다는 것이다.

노파심에서 한 가지 예를 더 들어보자. 엘비스 프레슬리(Elvis Presley)라는 미국 가수의 유명한 노래 중에 '형언할 수 없게 슬프다'(indescribably blue)가 있다. 물론 실연에 대한 내용을 담고 있다. 그대가 떠나고 나서 그대 사진을 보는 나의 슬픔은 말로 표현할 수 없다고 호소하는 내용이다. 실연한 사람은 자신의 슬픔은 자신이 속한 사회의 구성원들이 '공유'하는 '슬프다'라는 표현으로는 도저히 나타낼 수 없다고 생각하고, 따라서 자신만의 '개인적 언어'(private language)로 자신의 내밀한 슬픔을 표현하고 다른 사람에게 전달하고 싶겠지만, 그것은 불가능하다. 왜일까? 그런 '개인적 언어'는 존재하지 않기 때문이다. 때문에 '[모두가 공유하는] 언어로는 표현할 수 없이 슬프다'라는 노래 제목이 나온 것이다. '실연'이 없는 가상의 세계에서 온 사람이 실연을 이해했다고 할 때 그는 실연당한 사람 앞에서 어떻게 해야 하는가를 아는 것이지, 실연당한 사람의 슬픔을 감정이입을 통해서 똑같이 느끼는 것이 아니다. 비트겐슈타인의 말대로 특정 개인의 실연의 감정을 다른 사람에게 전달할 수 있는 개인적 언어는 존재하지 않기 때문이다.

우리에게 익숙한 효도도 사회구조로서의 규칙 따르기의 일부이다. 효도는 무엇인가? 효도는 무엇인가를 말로 다 쓸 수 있을까? 효도를 '정의'할 수 있을까? 물론 할 수 있다. 하지만 곧 한계에 다다를 것이다. 왜? 효도란 '부모님 마음을 편하게 해드린다'라는 정의에서 시작해보자. 여기서 '편하게'라는 말이 문제를 야기하는데, '편하게'라는 말은 어떤 걸 의미하나? 일단 '편하게 해드린다'에 속하는 행위들을 '나열'해보자. 1. 부모님이 만족해하는 배우자와 결혼한다. 2. 좋은 학교에 진학해야 하고, 3. 취직도 잘 해서 경제적으로 걱정을 끼치지 않고 4. 건강을 돌봐서 아프지 않아야 하고, 5. 사회적으로 인정받는 사람이 되어야 하고… 등등인데, 이걸 계속 '쓸 수 있을까?' 불가능하다(물론 죽을 때까지 계속 쓸 수는 있겠지만). 결론은 효도를 실행할 때 따라야 할 규칙은 존재하지만, 이 규칙 전체를 '한 번'에 다 쓰거나 나열할 수 없는 것이다. 규칙을 따라가는 건 명확한, 사전에 범위가 정해진 지침의 집합을 따라가는 것이 아니다. 오히려, 게장에 간장이 배어 있듯이 '무의식적'으로 규칙이 몸에 배어서 따라가는 것이다. 아래에서 더 자세히 논하겠지만, 이것이 부르디외의 아비튀스 개념이다. 효도는 사회구조의 일부이고 이것이 몸에 체화된 것이다. 한마디로 체화된 사회구조가 바로 '아비튀스'인 것이다.

중국의 옛날 그림에 효도를 예시하는 그림이 있다. 한 방에 아버지는 침대에서 자고 있고, 아들은 책상에 엎드려 있는데, 웃통을 벗고 있다. 그림을 자세히 보면 이상한 점을 발견하게 되는데, 아들의 등에 뭔가가 빽빽이 꽂혀 있는 것이다. 이것은 모기들인데 아들이 웃옷을 입지 않고 있기 때문에 피를 빨기 위해서 등에 촘촘히 빨대를 꽂고 있는 그림이다. 지금 보면 너무 황당하고 어떻게 보면 '무섭기까지' 한 그림인데, 이는 아버지가 모기로부터 자유롭고 편하게 주무시게 하기 위해서 아들이 옷을 벗고 모기의 먹이가 되는 것을 '효도'라고 역설하고 있는 그림이다. 아마 지금 이 그림을 효도의 예시라고 보여주면 '미쳤다고' 할 것이다. 요즘 식으로 말하면 이 그림은 효도가 아니라 '아동학대'를 보여주고 있는 셈이다. 왜 같은 행위가 한 시대엔 효도이고, 다른 시대엔 '학대'일까? 그림은 '말이 없다'. 오직 그림에 대한 '해석'이 다를 뿐이고, 결과적으로 그 행위에 부여되는 '집단적 의미'가 다를 뿐이다. 사실 내가 어렸을 때만해도 추운 겨울 차가운 이부자리 속에 아버지보다 먼저 들어가서 체온으로 따뜻하게 해놓는 것이 효라고 배웠다. 그러나 지금은 아마 아동학대로 분류될 것이다. 이는 효도가 배태되어 있는 사회적·정치적·문화적 환경에서 주어지는 해석과 거기서 파생되는 '의미'의 문제라는 것을 보여준다. 우리가 그 당시 이를 학대보다 효도라고 해석한 것은 역시 '사회의 힘'을 실감케 해준다. 어떤 행위 자체는 사람들이 상호작용을 통해 거기에 의미를 부여하기까지는 그 의미가 결정되지 않는다. 같은 물리적 행위(physical behavior)인데 왜 한 시대엔 효도이고 다른 시대엔 아동학대인가? 왜 사회성원들은 같은 물리적 행위를 시대와 상황에 따라 다른 의미를 가진 행위로 '분류'할까? 위의 논의는 우리 행위에 부여하는 모든 의미가 사회적으로 구성된 해석의 산물이란 상징적 상호작용이론을 떠올리게 해준다.

이런 암묵적인, 사회성원의 몸에 밴 규칙 따르기는 어떻게 시간이 지남에 따라 변화하게 될까? 앤서니 기든스의 소위 '구조화 이론'(structuration theory)은 어려운 개념으로 알려져 있지만 다음의 예를 통해서 쉽게 이해할 수 있을 것이다. 다시 효도를 예로 들어보자. 모두가 알다시피 요즘의 효도는 예전과는 달라졌다. 다시 말하면, 효도란 말을 '적용'하는 방식, 즉, 효도란 말을 사용하는 규칙이 변했다는 것이다. 결혼을 예로 들어보자. 불과 한 세대 전까지만 해도 부모님의 뜻에 순종해서 배우자를 선택하는 것이 효도로 여겨졌다. 지금은 어떨까? 모두 알다시피 부모가 정해주는 사람과 결혼은 매우 드물어졌다. 그렇다면, 부모가 아니라 자신이 원하는 배우자를 선택한 것은 '불효'일까? 아니면, 자신이 원하는 배우자를 선택하는 것을 '효도'라고 '재해석'하고 자신의 선택을 효도의 일부로 '정당화'할까? 젊은 세대의 다음과 같은 말을 생각해보자. "부모님의 뜻에 순종해서 결혼을 하면, 그게 효도인가요? 나는 그렇게 생각하지 않습니다. 부모님의 뜻에 따라서 한 결혼은 연애결혼에 비해 불행해질 게 뻔하고, 그 결과 부부갈등을 야기할 가능성이 매우 큽니다. 이런 부부의 갈등은 분명히 부모님에게 커다란 걱정을 끼치게 되고, 심한 경우엔 부모님이 손자들을 키워야 할 불행한 사태에 이르게 될 수 있죠. 그런 경우, 효도랍시고 한 결혼이 결과적으론 부모님을 참담하게 만드는, 마음을 아프게 하는 '불효'가 되겠죠. 저는 그런 의미에서 효도를 '재정의'해야 한다고 생각합니다. 즉, 자신이 원하는 배우자를 만나서 행복하게 살고, 그 결과 부모님의 마음을 편하게 해드리는 것이죠. 결국 효도란 부모님 마음을 편하게 해드리는 거라고 생각하니까, 이것이 요즘 세대의 효도죠".

여기서 이전 시대의 규칙 따르기는 행위자들에 의해서 '재해석'되고, 새로운 규칙 따르기, 즉, 사회구조의 변화가 나타났다. 명민한 독자들은, 이제 사회구조의 '변화'가 이전의 규칙을 '재해석'하고 '정당화'하려는 노력과 밀접한 연관이 있다는 것을 깨달았을 것이다. 기든스의 구조화 이론은 이전의 사회구조를 받아들이면서도, 즉 효도라는 개념을 '유지'하면서도, 혹은 거기에 '의지하면서도' 다른 한편으로는 과거에 효도란 개념을 '적용'해왔던 규칙 따르기를 재해석하고 변형해 나가는 '동적인' 과정'을 의미한다. 기든스의 구조화 이론에서 소위 '구조의 이중성'(duality of structure)이란 이렇게 행위자들이 기존의 효도란 사회구조를 매개체로 혹은 자원 삼아서, 즉, 한편으로는 의지하면서도 다른 한편으론 이 매개체를 재해석하고 변형시켜 나가는 구조의 이중적 성격을 말하는 것이다.

위의 사회구조 변화논의에서 그렇다면 가장 중심적인 단어는 무엇일까? 물론 '재해석', '새로운 묘사' 혹은 리처드 로티라는 철학자의 말을 빌면, '재묘사'(re-description)이다. 규칙 따르기에 대한 끊임없는 재해석과 재구성을 통해서 사회적 실재는 계속 그 형태를 바꿔가는 것이고, 그에 따라 우리가 믿는 진리나 거짓이 시대와 문화에 따라 계속 바뀌는 것이다.

3 ── 토마스 쿤과 과학의 사회구조: 규칙 따르기로서의 패러다임

많은 학자들이 토마스 쿤의 패러다임 개념도 비트겐슈타인의 규칙 따르기에 대한 철학적 해석으로부터 지대한 영향을 받았다는 것을 간과하고 있다. 비트겐슈타인의 논의를 따라서, 쿤은 패러다임이 머리에 있는 이론적 지식이 아니라, 주어진 문제를 어떻게 풀며, 어떤 답이 옳은 답인가에 대한 기준을, 실제로 실험과 학습, 연습을 통해 몸에 '체화'(embody)한 것으로 파악한다. 다시 말하면 패러다임은 말로는 다 옮기고 정의할 수는 없으나, '할 수는 있는', 과학자 집단의 '실천의 논리'(logic of practice)를 의미하는 것이다.

이런 실천적 논리는 겉으로 다 드러낼 수 없는 암묵적 가정들을 포괄하는 개념이다. 실제로 우리는 일상생활에서 말하지 않지만, 또 말로 다 옮길 수 없는 여러 가지 가정들 아래에서 살아가고 있다. 과학자사회를 예를 들면 무엇이 '잘된' 실험인가는 말로 다 옮길 수가 없다. 물리학자는 물리학자들의 사회에 들어가면서 사회화를 통한 '학습'에 의해 무엇이 잘된 실험인가, 그리고 무엇이 잘못된 실험인가에 대한 '감'을 습득하게 된다. 물리학 교수와 학생의 상호작용을 통해서 일어나는 이러한 학습은 교수가 단순히 학생에게 잘된 실험의 의미를 언어적으로 전달해서는 얻어질 수 없고 과제와 시험, 그리고 예시와 같은 '시행착오'를 거쳐서 학생이 과학자 사회에서 통용되고, 합의된 규칙을 따라가는 것을 배우는 것이다. 오징어튀김의 예에서 어머니가 비상금의 '의미'를 단순히 아이에게 전달할 수 없었던 것과 같이, 실제로 패러다임을 습득하는 과정은 순수한 언어적인 학습이라기보다는, 실제 실험을 수행하는 과정에서 겪게 되는 시행착오를 통해서 과학자들이 그들이 따라야 할 과학자사회의 규칙을 몸에 체화하는 과정이다.

더 쉽게 말하면, 이런 과정은 수학문제를 푸는 것과 비슷하다. 수학교과서를 가지고 공부하는 학생들이 함수에 관한 대표적 예제들을 풀고, 이에 기반해서 참고서에 나와 있는 예제와 유사한 문제들, 즉 유제들을 풀어가면서 함수가 무엇이고, 문제풀이는 어떠해야 하는가를 습득해가는 과정이다. 쿤에 따르면 이것은 일종의 '사회적 과정'이다. 왜냐하면, 이렇게 문제를 풀어가면서 학생은 '수학자 사회'에서 받아들여진 함수문제들의 '대표적인' 해들, 즉 패러다임적 '해'(paradigmatic solutions)를 시행착오를 통해서 습득하게 되고, 결과적으로 그의 인지구조가 수학자들이 체화한 규칙 다르기에 적응(adapt)되기 때문이다.

그렇다면 과학은 각기 다른 시대에 살았고 활동했던, 상이한 과학 전통을 가진 집단이 당연시하고, 옳다고 믿고 따라가는 규칙 따르기, 즉 패러다임으로 환원될 수 있을까? 만일 그렇다면 과학적 진리가 시대에 따라, 그리고 과학자 집단에 따라 가변적일까? 이 질문들에 대한 쿤의 '긍정적인 대답'은 과학철학에서 커다란 상대주의 논쟁을 촉발시켰고, 이는 아직도 격렬히 진행 중이다. 좀 더 전문적인 과학철학에서의 상대주의 논쟁은 다른 곳에서 논하기로 하고[8] 다음 장에서는 넓은 의미에서의 '상대주의'가 규칙 따르기와 어떤 관계를 가지고 있는가를 알아보자.

---

8   과학철학에서 상대주의 논쟁은 필자의 책, 『과학지식과 사회이론』 파주: 한길사, 2004를 참조할 것.

비트겐슈타인과 규칙 따르기

더 깊은 논의를 위한 참고문헌

✳ Anthony Giddens, 『Central Problems in Social Theory』(Berkeley: University of California, 1979)는 기든스가 그의 구조화 이론의 기초를 논한 초기 저작으로, 그의 다른 저작들에 비해서 쉽게 자신의 이론의 기초개념들을 설명해놓았다.

✳ 논리적 실증주의와 포퍼의 철학, 그리고 쿤의 과학철학의 등장배경은 필자의 책, 『과학지식과 사회이론』파주: 한길사, 2004를 볼 것.

✳ 기어츠의 저작 중 가장 중요한 이론적 기여는 물론 『The Interpretation of Culture』(New York: Basic Books, 1977)이다. 이 책에서 기어츠는 이전의 문화연구가 다루지 못했던 '중첩된 의미의 세계'를 소위 '두터운 기술'(thick description)이란 개념을 통해서 이해할 수 있는 새로운 문화인류학의 기초를 만들어냈다.

2

상대주의와 민주주의

상대주의에 대한 가장 흔한 오해는 무엇일까? 세상에 절대적인 진리는 존재하지 않으며, 진리는 시대와 장소, 문화에 따라 가변적이라는 것이 아마 상대주의의 요체라고 상식적으로 생각할 것이다. 철학자들이 상대주의를 '격파'하는 고전적인 방식은 상대주의자의 그런 주장 안에 '내재'한 모순을 드러내는 방식이다. 즉, 만약 모든 주장의 진리 값이 특정한 사회와 문화적 맥락에 의존적이라면 상대주의자인 당신의 주장도 특정한 사회문화적 상황에서 나온 가변적 주장일 뿐, 받아들일 아무런 이유가 존재하지 않는다는 것이다. 만일 상대주의자가 다른 사람의 믿음은 상황 의존적이지만, 그 사실을 지적하는 자신의 주장만큼은 상황과 맥락을 초월한 진리라고 주장한다면, 그건 소위 '자기 예외의 모순'(self-excepting fallacy)을 범하는 것이다. 상대주의가 이런 것이라면, 고전적인 비판이 확실히 적용될 수 있고, 따라서 상대주의는 애초부터 바보 같은 주장일 수밖에 없다.

그렇다면, 상대주의를 이런 고전적 반박에서 구할 수 있는 방법은 없을까? 당연히 존재한다. 다음을 생각해보면, 상대주의가 어떻게 가능할 수 있는가가 극명히 드러난다. 상대주의자는 자기 자신의 주장을 포함한 모든 주장의 타당성이 맥락·상황 의존적이지만, 자신의 주장만 '맥락 초월적인' 객관적 진리라는 자기 예외의 모순을 저지를 필요가 없다. 여기 상대주의자 A가 있다고 하자. A는 자기의 주장을 포함한 모든 믿음의 타당성이 그 믿음이 발생한 맥락과 상황에 의존적이라는 것을 인정하지만, 그렇다고 해서 자신의 주장이 아무런 근거도 없다고 생각하지는 않는다. 만일 그렇다면, A의 삶은 지옥 그 자체일 것이다. 왜냐하면, 자신의 결정과 자신의 말에 아무런 확신이 없고, 따라서 어떤 결정과 주장도 할 수 없는 결정장애와 혼돈의 상태에 빠질 것이기 때문이다. 그러나 A는 그런 지옥에 살 필요가 전혀 없다. 왜냐하면 A는 자신의 주장을 확실하게 증명할 '최종증명'(letzbegründung)이 존재하지 않는다는 것을 알고 있지만, 그렇다고 해서 '현재' 자신의 믿음을 정당화할 충분한 이유가 없다고는 생각하지 않기 때문이다.

쉬운 예를 들어보자. A는 자식들의 귀가 시간이 밤 10시를 넘기면

비트겐슈타인과 규칙 따르기

안 된다는 데 확신을 가지고 있다. 물론 A는 자신의 이런 믿음이 옳다고 생각하고 그것을 '정당화'하는 '그만의 이유'를 가지고 있다. 예를 들면, 늦게 귀가하면 교통사고 위험도 있고, 범죄에 노출될 수도 있으며, 학생이 학교공부 끝나고 집에 오면 되지, 늦게 다닐 이유가 없다는 등의 이유들이 그것들이다. 그러나 A는 그런 '자신의 이유'가 옳다는 것을 나의 친구와, 그리고 옆집 사람들을 포함한 모두에게 공히 정당화하고, 증명할 수 있는 '보편적'이고 '객관적'인, 혹은 '맥락 초월적인 기준', 즉, 최종증명은 존재하지 않는다는 것 또한 알고 있다. A는 자신의 믿음을 포함한 모든 믿음이 시공을 초월한 절대적 진리는 아니라는 것을 알기 때문에, 설득과 대화를 통해서 자신의 믿음도 바뀔 수도 있다는 것도 동시에 인정한다.

이제 A를 잠시 떠나서 절대적 진리가 있다고 믿는 사람 B와 C의 논쟁을 생각해보자. B는 진리가 저 밖에 존재하는데 너만은 왜 그것을 보지 못하냐며 C의 믿음의 허구성을 드러내려 하지만, 결국 '저기, 밖에 존재한다고 믿는 빛나는 절대적 진리'가 무엇인가를 증명하지 못한다. 똑같은 논리로 C는 B를 보고 '저기 빛나는 절대적 진리'가 있는데 너는 왜 같은 눈을 가지고 그걸 못 보고, 오히려 은폐하고, 왜곡하려 하는 거냐며 B를 비난한다. 상대주의자 A와 달리 절대주의자 B, C는 자신의 믿음의 '절대성'에 대해서 확신하고, 그 절대성은 저기 빛나고 있는, '사람 손이 닿지 않은 오염되지 않은 진리'에 기인하기 때문이라 확신한다. 그러나 B도 C도 그들이 믿는 절대적 진리가 옳다는 것을 상대에게 '증명'할 수 없기 때문에, 결국 서로가 저기 있는 진리를 보지 못한다고 비난할 뿐, 어떤 상황에서도 자신의 주장을 철회할 준비가 되어 있지 않다.

다음과 같은 재미있는 예는 논의를 명확히 해줄 것이다. 한족 사람과 오랑캐에 귀화한 한족 지식인과의 대화를 생각해보자. 한족이 오랑캐에게 너희는 형이 죽으면 형수를 취하며, 노인을 공경하지 않고 젊은 것들이 고기를 먹는 상놈이라고 비하하자, 오랑캐에 귀화한 한족 지식인은 무엇이라고 대답했을까? 아이고, '우리가 그것을 깨닫지 못했네요'라고 잘못을 시인할까? 귀화한 한족 지식인은 오랑캐를 대신해서 한족의 비판을 다음과 같이 맞받아쳤다. 형수를 취해서 자식을 낳는 이유는 여자가 귀한 상황에서 그렇게라도 해서 자식을 낳아 군인을 만들어야 부족과 노인들을 지킬 수 있는 것이다. 나아가서, 젊은 사람이 고기를 먹어야 기운이 나서 전장에 나가 잘 싸울 수 있다는 것이다. 어느 집단의 '논리'가 옳을까? 한족이 주장하는 '오랑캐 쌍놈' 이론을 증명할 수 있을까? 오랑캐의 '논리체계'는 내적으로 그 정합성에서 한족의 그것과 비교해서 전혀 문제가 없다. 즉, 두 집단의 논리체계, 즉, 규칙 따르기가 충돌했을 때 어느 쪽이 옳다는 것을 '증명할' 맥락 초월적 진리는 존재하지 않는다는 것이다.

비트겐슈타인과 규칙 따르기

프롤로그에서 잠깐 논의한 도킨스와 노블 논쟁도 역시 마찬가지이다. 홀리즘과 환원주의 논쟁은 생물학뿐 아니라, 물리학 그리고 인문사회과학에서 정말 오랜 시간 논쟁이 되어왔지만, 결론이 나지 않은, 쿤이 말한 의미에서 두 개의 서로 다른 패러다임이다. 눈을 돌려서 우리 상황을 보자. 정치권의 논쟁은 말할 필요도 없고, 수많은 집단들은 저마다 자기가 마치 '빛나는 진리'를 손에 쥐고 있고, 상대방 집단은 그 진리를 '왜곡'하고 감추려 하는 것으로 매도하고 있다. 자신이 최종증명을 가질 수 '없다는 것'을 알지 못해서 나오는 결과다. 낙태의 합법성에 관한 논쟁이나, 원전 찬반론, 또 동성애의 결혼에 대한 논쟁 등을 생각해보라. 이 모든 경우, 어느 쪽이 옳다는 '최종증명'은 존재하지 않는다. 다만, 논쟁 당사자들이 상대방을 진리를 왜곡하고 보지 못한다고 비판하고, 완강하게 자신의 입장만 진리라고 우길 뿐이다.

강의실에서 학생들에게 이런 말을 하면 학생들은 처음엔 한 대 맞은 얼굴로 나를 쳐다본다. "선생님, 비싼 등록금 내고 대학에 왔더니 진리를 증명할 방법이 없고, 진리가 어디 있는지도 가르쳐주지 않습니다." 나로선 여기 바로 진리가 있다고 손가락으로 가리키고 싶지만, 그럴 수 없으니 참 안타까울 수밖에 없다. 그러나 철학적으로 복잡한 주장을 차치하고라도 위에 논의한 현실적인 예를 생각해보면 상대주의에 관한 새로운 주장의 설득력을 실감할 것이다. 상대주의의 '요체'는 '논리'와 '증명'을 통해서 상대방을 쓰러뜨리기는 불가능하다는 것

이다.[1]

    이런 의미에서의 상대주의자는 나중에 자신의 주장이 옳지 않다는 것을 인정할 수 있는 길을 열어놓고 있어서, 마치 진리가 저기 '빛나는' 하나밖에 존재하지 않는다고 '강변'하는 절대주의자들보다 훨씬 더 '열린' 세계에 살고 있다. 리처드 로티가 소위 '아이러니스트 자유주의자'(ironist liberal)라 부른 사람들이 바로 이런 사람들이다.[2] 이들은 자신의 믿음이 옳다고 믿지만, 그 믿음이 동시에 맥락, 문화, 상황 의존적이며, 따라서 상황을 넘어서서 저기 존재하는 '절대적 진리'와 맞닿아 있지는 않다고 생각한다. 아이러니스트는 자신의 믿음이 최종 증명을 가질 수 없으며, 따라서 자신이 생각할 때 더 나은 믿음이 나타나면 기존의 자신의 믿음을 기꺼이 포기할 수 있는 사람들이다. 절대주의자는 자신이 옳다고 따라가는 '규칙 파괴의 가능성'을 애초에 '닫아버렸지만', 여기서 말하는 상대주의자는 '규칙 파괴'의 가능성을 '열어놓은', 더 민주적인 사람들인 것이다.

---

1 리처드 로티의 책, 『Philosophy and Social Hope』 London: Penguin, 1999는 우리가 상대주의를 옹호하면서도 어떻게 더 나은 사회로 나아갈 수 있는가를 논하고 있다.

2 아이러니스트 자유주의자에 대한 로티의 논의는 그의 『Contingency, Irony and Solidarity』 Cambridge University Press, 1989를 참조할 것.

비트겐슈타인과 규칙 따르기

더 깊은 논의를 위한 참고문헌

❋ 상대주의에 관한 모든 철학적 문헌은 대부분 구체적 예시가 없는 추상적 논의에 머물고 있지만 여기 소개하는 두 참고 서적은 구체적 예를 들어서 상대주의와 진리의 문제를 논하고 있다. David Bloor, 『Knowledge and Social Imagery』(London: Routledge 1976; 한국어 번역본은 『지식과 사회의 상』 김경만 역, 2000, 파주: 한길사). 블루어는 이 책에서 상대주의의 적용 영역을 자연과학 지식의 영역까지 확장시켜서 커다란 논쟁을 야기하였다. 매우 도발적이며 이론적 상상력을 자극하는 책이다. 둘째는 리처드 로티의 "Relativism: Finding and Making"이란 제목의 글인데 이는 그의 책, 『Philosophy and Social Hope』 London: Penguin, 1999의 한 챕터로 수록되어 있다. 필자가 읽은 상대주의에 대한 가장 명확한 분석인데, 이 글에서 로티는 상대주의에 대한 오해가 어떤 것인가를 흥미롭게 분석하고 있다.

3

이데올로기와 진리

1 ── 공자와 재아의 논쟁

이데올로기란 무엇인가? 수많은 논쟁이 있어왔지만, 이데올로기와 진리를 명확하게 구분할 수 있는 고정된 기준은 존재하지 않는다. 왜 그럴까? 이데올로기와 진리는 시대와 장소에 따라 달리 표현되기 때문이다. 중국, 한국, 일본 등 유교문화를 공유하는 나라들의 사회구조, 즉, 규칙 따르기의 한 측면은 아랫사람들이 윗사람들에게 대들지 말아야 한다는 것이다. 유교문화에서는 연장자에게 '대든다' 혹은 '말대꾸'한다는 표현은 그 어감상 벌써 매우 건방지고, 되바라진 의미를 내포하고 있다. 일본 문화비판의 선봉에 선 히로시마대학 경영학과 노부유키 치쿠다테(築達延征) 교수에 의하면 아직도 일본에선 자식이 학교에 갈 때 선배에게 대들지 말라고 부모가 신신당부한다고 한다.

서양에서는 자기 의견을 말하는 것, 즉 '자기 표현'이 동양에선 '대든 다'와 '말대꾸'로 둔갑하는 것이다. 서양과 동양 사회의 '규칙 따르기' 가 달라서 나타나는 현상이다.

공자(孔子)와 그의 제자 재아(宰我)의 논쟁을 통해서 무엇이 이데 올로기이며, 무엇이 진리인가를 살펴보자. 공자에게는 가장 명민한 제자라 꼽히는 재아라는 사람이 있었다. 재아는 가끔 난처한 질문을 해서 공자를 당혹스럽게 했는데, 하루는 공자에게 다음과 같은 질문 을 했다. "선생님! 부모가 돌아가신 후 3년상을 치르는 것은 너무 길 다고 생각합니다. 1년이면 족하지 않겠습니까?" 공자는 이런 재아의 질문에 화가 나서 말했다. "그럼 너는 부모가 돌아가셨는데 1년만에 비단 옷을 입고, 쌀밥을 먹고, 노래를 부르면 즐겁겠느냐? "재아는 망 설이지 않고 "네"라고 대답했다. 공자는 재아에게 그럼 너는 왜 1년상 이면 충분하다고 생각하느냐며 다그쳤다. 재아의 답은 지금의 기준 에서 보면 아주 합리적이고 명쾌한 답이었다. "선생님, 3년상은 모든 것을 망칩니다. 3년이 지나면 돌보지 않은 곡식은 다시 자라지 않을 것이고, 연습하지 않은 가무는 다시금 돌이킬 수 없고, 행하지 않은 예는 붕괴하고 말 것입니다"라는 주장을 펴면서 공자에게 '말대꾸' 혹 은 '대들었다'. 공자는 자신이 논쟁에서 약간 밀리는 것 같은 불쾌한 느낌을 가지면서 다시 다음과 같이 왜 3년상이 되어야 하는가를 정당 화했다. "네가 태어나서 사람 구실을 하기까지 3년은 걸리고, 그 기간

동안 부모가 너를 수발했으므로, 3년상은 해야 한다". 재아는 설득당
하지 않고, 반론을 펼쳤다. 재아에게 3년이란 기간은 서양식으로 말
하면, 합리적인 이유가 없는, 매우 '임의적'인 기준이고, 경제와 문화
를 파괴하는 잘못된 '이데올로기'였던 것이다. 왜 하필 3년이어야 되
는가? 대답이 궁해진 공자는 3년은 "아주 예전부터 내려온 전통이었
다"라고 대답했다. 대화는 격렬해지고 재아가 밖으로 나간 후, 공자는
재아가 '인(仁)'이 부족하다고 개탄했다.[1]

과학혁명과 함께 온 서양의 계몽주의적 관점에서 보면, 이런 대화
는 진리를 찾아가는 과정에 꼭 필요하지만, 공자에게 이런 대화는 매
우 듣기 싫고, 건방진 '말대꾸'일 뿐이었다. 재아는 앞으로 논하게 될
서양의 계몽주의자 위르겐 하버마스(Jürgen Habermas)의 세례를 받았
는지, 자신이 의심하는 것과 정당화되지 않는다고 생각한 것에 대해
계속 질문하고, 진리를 찾아가는 대화를 계속하고자 했지만, 공자에
게 재아의 태도는 '인'의 부족에 기인한 잘못된 행태였던 것이다.

---

1   공자와 재아의 논쟁에 대한 정치 철학적 해석은 배병삼, "공자 대 재아: 인간의 길과 통치자의 길" 《한국정
    치학회보》, 33:49-67, 1999를 참조할 것.

2 ——— 계몽주의와 낭만주의

명민한 독자들은 앞에서 필자가 무엇을 말하려 하는지 금방 깨달았을 것이다. 두 문화에서 요구되는 규칙 따르기의 '차이'다. 계속 묻고, 비판하는 계몽주의적(과학적) 태도와 전통을 믿고 신뢰하는 낭만주의적 태도. 현대에 와서는 낭만주의자 가다머(Georg Gadamer)와 계몽주의자 하버마스의 논쟁으로 대표되는 두 전통의 대립이다. 어느 쪽이 진리이며, 어느 쪽이 이데올로기일까?

계몽주의란 17세기 과학혁명과 함께 등장한 사상으로 종교의 쇠퇴와 깊은 관련이 있다. 소위 세속화 이전엔 모든 권위와 지식의 근원은 당연히 교회와 하나님이었다. 무엇이 옳고, 그르고, (도덕적으로) 정당화되고, 아니고는 모두 교회와 하나님의 가르침에 의거했지만, 이런 하나님의 권위가 인간의 '이성'에 의해서 대체되기 시작한 것을 계몽주의철학이라고 부른다. 즉, 인간의 이성적 사유가 전통적인 권위를 무너뜨린 것을 의미한다. 그냥 당연하게 받아들였던 것, 즉 비성찰적 · 무조건적으로 하나님과 교회의 권위를 받아들였던 것과 다르게 무엇이 사실이고, 정당화될 수 있는가는 인간의 이성과 논리에 의해서 따지고, 정당화되어야 한다는 것이었다. 따라서 하나님의 권위는 인간의 이성에 의해서 대체되었고, 사회과학도 자연과학처럼 이성적 · 합리적 추론을 통해서 인간을 이해할 수 있다고 생각했다.

계몽주의의 핵심은 결국 모든 것을 의심하고 논박하고 서로 비판하는 것이었다. 즉, 모든 의심을 넘어서 확실한 지식에 도달할 때까지 의심과 논쟁과 논박은 계속되어야 한다는 것이다. 사회과학에서의 계몽주의적 전통은 칼 포퍼(Karl Popper)의 과학관에 가장 생생히 나와 있는데 포퍼는 과학의 핵심을 '추측과 반박'이라는 말로 압축한다.[2] 과학은 어떻게 발전하는가? 과학자들은 근거 없는 추측들을 '가설'의 형태로 제시하고, 현상을 설명하고, 이해하려 한다. 여기서 근거 없다는 말은 어떤 '허황된' 것을 말하는 게 아니다. 다만 어떤 주장이 그 주장을 완벽히 증명하는 증거로 지지될 수 없음을 말하는 것이다. 어떤 가설적 주장이 제기됐을 때, 이 주장에 반하는 증거를 들이대고, 이 반대증거가 받아들여졌을 때, 그 가설은 기각되고, 새로운 가설이 그 자리를 차지한다. 그러나 이렇게 새롭게 받아들여진 이론도 다시 의심과 논박의 대상이 되며, 결국은 새로운 이론으로 대체된다. 결국 포퍼의 계몽주의적 과학철학은 끝없는 추측과 반박만이 진리를 담보하는 과정이라는 것을 역설한다.

계몽주의와 대조되는 사조(思潮)는 낭만주의다. 낭만주의 요체는 가부장적 가족으로 표현될 수 있다. 낭만주의에서는 집단의 구성원

---

2   포퍼의 잘 알려진 책, 『추측과 반박』(Conjectures and Refutations)에 그의 계몽주의적 과학관이 잘 나타나 있다.

들이 리더에 대한 신뢰와 믿음을 가지고 따르고, 리더는 반대로 구성원들을 억압하기보다, 사랑으로 그들의 안위를 지키는 그런 형태이다. 따라서 계몽주의와 대조적으로 낭만주의의 중심에는, 의심과 불신, 논쟁보다 믿음과 신뢰가 자리잡고 있다. 1964년 런던대학에서 열린 포퍼-쿤 논쟁(Popper-Kuhn debate)은 바로 계몽주의와 낭만주의의 충돌이라고 할 수 있다.[3] 쿤은 포퍼와 대조적으로 과학에서의 전통, 즉, 규칙 따르기로서의 패러다임이 가지는 '권위'를 강조한다. 포퍼가 말하듯이 과학이 쉴 새 없는 추측과 그에 대한 반박이라면, 애초에 하나의 탐구자 사회로서의 과학사회는 성립할 수 없다는 것이 쿤의 주장이다. 물리학에 발을 처음 들여놓은 학생이 뉴턴 물리학의 인식론적 기초부터 의심하고, 물리학 교수에게 계속 질문을 하면, 과연 그는 물리학계의 일원이 될 수 있을까? 그것은 불가능하다. 왜냐하면, 학생은 일단 학계에서 오랫동안 옳다고 받아들여졌던 '전통'을 습득하고, 그런 전통의 권위에 순응해야만 물리학계의 일원으로 받아들여지기 때문이다.

우리나라의 예를 들어보면, 유교적 사상이 지배하던 조선에서는 기존의 권위에 도전하고, 비판하는 계몽적 사상은 불효, 불충, 반역, 무례라는 이름으로 배척되었다. 그러나 서양의 계몽주의적 관점에

---

3 포퍼와 쿤의 논쟁에 대한 자세한 논의는 필자의 『과학지식과 사회이론』 파주: 한길사, 2004를 참조할 것.

비트겐슈타인과 규칙 따르기

서 볼 때 기존의 권위를 유지하고자 하는 모든 행위는 억압적 이데올로기로 간주되었다. 서양에서도 똑같은 상황이 벌어졌다. 부르주아는 혈통에 의한 귀천의 구별과 교육기회의 불평등을 모두 지배 계층이 퍼뜨린 이데올로기라고 비판했다. 그러나 아이러니하게도 부르주아가 집권한 후 자본주의 시대로 진입하면서 자신들이 부르짖던 평등을 노동자들에게 적용하는 것을 거부하였다. 다시 말하면 자신들에게 예속된 노동자 계급이 해방을 부르짖으면 그것을 인정하는 대신에 그들은 유토피아(Utopia), 즉, 이루어질 수 없는 세계를 상정하고 있을 뿐이라 일축했다. 귀족들이 그들이 주장한 평등을 유토피아라고 일축한 것처럼 이제 지배자가 된 부르주아들은 노동자 계급의 주장을 유토피아라고 일축한 것이다. 여기서 우리는 이데올로기와 유토피아의 '상대성'(relativity)을 이해할 수 있다. 이데올로기와 유토피아는 어떤 절대적 기준에 의해서 규정될 수 없는 것이다.

다시 우리 이야기로 돌아와 보자. 학생 권리 조례를 둘러싼 요즘의 논쟁을 보면 무엇이 '진리'이고 무엇이 '이데올로기'인가를 구분하기가 어렵다는 것을 알 수 있다. 필자가 학교를 다니던 60~70년대에는 학교에서 무자비한 폭력이 자행되었다. 선생들은 교권과 교육이란 이름 아래 교단에서 폭행을 일삼았고, 우리는 매일 무섭게 두드려 맞는 공포에 시달렸다. 그러나 그렇게 맞아도 부모가 우리 아이 때렸다고 달려와서 멱살 잡고, 항의하는 것은 거의 보지 못했다. 왜? 그것이 '당연시'되는 시대였기 때문이다. 당시엔 모두가 맞고 자라는 것이 교육의 일부라고 생각했기 때문이다. 지금은 어떤가? 나는 상상도 할 수 없을 정도로 학생의 '권리' 혹은 '권위'(?)'가 신장되었다는 것을 뉴스를 통해서 듣고 있다. 결국 최근엔 교사의 실추된 권위를 다시 찾아야 한다는 움직임이 일어났고, 여러 교사들이 교권의 붕괴를 개탄하며 자살한 사건이 여기에 큰 역할을 한 것이 사실이다. 교사가 학생에게 아무런 권위를 행사할 수 없고, 오히려 부모들로부터 고소당하고 비난받는 스트레스를 견디기 어려워서 극단적 선택을 했다는 것이 뉴스에서 연일 보도되고 있다. 최근엔 학생이 살해하겠다고 협박해서 방검복(칼을 막는 옷)이라는 옷을 입고 출근하는 교사가 있다고 뉴스에 보도되었다. 어떤 쪽이 이데올로기이고 어떤 쪽이 진리일까?

학생의 인권은 우리 때처럼 무참히 짓밟아도 되는 걸까? 혹은 지금처럼 선생의 말을 무시하든가 심하면 폭행하는 쪽이 옳을까? 〈말죽거리 잔혹사〉라는 오래된 영화가 있다. 여기서 고등학교 학생들이 수업시간에 음란서적을 보고 있다가 들켜서 죽도록 맞는 장면이 나온다. 내가 자랄 때 아주 흔하던 광경이다. 지금은 아마 학생의 인권이 짓밟힌 장면으로 묘사될 것이다. 같은 행위인데 왜 한쪽에선 인권유린이고 한쪽에선 교육의 일부일 뿐인가? 어느 쪽이 이데올로기이고, 어느 쪽이 진리인가? 그렇다면 언제부터 아이들을 때리는 것이 사회적으로 문제가 되고 금지되었을까?

3 ── 사회과학적 상상력과 규칙 따르기의 변화 :
아동학대의 탄생

사회학자 밀스(C. Wright Mills)는 우리가 개인적인 문제라고 생각해온 여러 현상들을 그것이 배태되어 있는 사회구조와 역사에 '위치' 지울 수 있는 능력을 '사회학적 상상력'(sociological imagination)이라 불렀다. 예를 들면 현재 우리나라가 풀어야 할 큰 숙제인 출산율 저조의 문제는 개인의 문제가 아니라, 우리나라의 사회경제적 구조의 산물로 봐야 하며, 따라서 그 해결책도 주택가격, 보육시설의 확충, 사교육비 문제 등을 포함한 좀더 거시적인 요소들을 고려해야 한다는 것이다.

강의 시간에 내가 사회학적 상상력의 예로 '아동학대'를 활용한다. 아동학대는 언제부터 '존재'했을까? 얼핏 보면 매우 우스운 질문이다. 예전이나 지금이나 학대는 학대 아닐까? 아동을 때리는 행위는 특정 시기에는 학대가 아니고 어떤 시점 이후엔 학대로 '간주'되었을까? 답은 '그렇다'이다. 미국에서 처음 '아동학대'(child abuse)란 말이 사용된 것은 1962년에 켐프(Charles Henry Kempe)와 그의 동료교수들이 미국의학협회 학회지에 낸 논문에서였다.[4] 아이들을 때리는 행위

---

4 C. Henry Kempe, F. Silverman, Brandt Steele, et.al"The Battered Child Syndrome", 『Journal of American Medical Association』 18: 17-24, 1962.

는 역사 이래로 존재해왔다. 서양에서는 '아이 때리기'(child hitting or beating)가 필수적인 교육의 일부로 여겨져 왔다. 즉, 아이들은 아직 미숙하기 때문에 훈육의 일부로 체벌을 사용하는 것은 당연시될 뿐 아니라, 또 당연한 부모의 '권리'로 생각되었다.

흥미로운 사실은 집에서 매맞은 아이들이 쫓겨나서 갈 곳을 잃고 방황할 때 이들을 수용할 시설들이 유럽과 미국에 존재했지만, 이들에 대한 '해석'이 지금과는 완전히 달랐다는 것이다. 지금은 매맞고 학대받은 아이들이 쫓겨나서 배회하다 쉴 수 있는 보호처인 '쉼터'가 존재하고, 이 아이들은 아동학대의 '희생물'로 여겨지지만, 예전의 아동보호시설의 목적은 전혀 달랐다. 즉, 집에서 쫓겨난 아이들을 '보호'한다는 개념으로 시설이 만들어진 것이 아니라, 이들이 모여서 범죄를 모의하고 저지르는 것을 '예방'하기 위해서 정해진 장소에 모아두고 '감시'할 목적으로 쓰였기 때문이다. 요즘 사람들은 참 이해하기 어려운 해석이겠지만, 이는 아이들을 때리는 '물리적 행위'에 부과된 '사회적 해석'이 그 당시엔 판이하게 달랐기 때문이다.

예를 또 들어보자. 내가 대학을 다니던 70년대 말, 80년대 초까지도 동네 사진관의 쇼윈도엔 커다란 사진이 진열되어 있었는데, 가족사진들도 있었지만, 대부분의 사진관엔 '남자' 아기의 돌 사진이 전시되어 있었다. 이 아기 사진들의 공통된 특징은 모두 발가벗었다는 것

비트겐슈타인과 규칙 따르기

이었다. 물론 남자아이라는 것을 보여주기 위해서 '그 부분'까지 적나라하게 노출되어 있었다. 70, 80년대에도 그랬으니 내가 태어나 자란 60년대엔 어땠을까? 나는 동네에서 남자 아기들이 아랫도리는 벗고 아장아장 다니는 것을 무수히 보고 자랐다. 그렇게 하는 건 물론 '아들'임을 자랑하기 위해서였겠지. 이 아기들이 동네 골목을 돌아다니면 동네 어른들이 '허, 그놈 장군감이네!' 하면서 아기의 '그곳'을 만졌다. 지금 같으면? 아이를 발가벗겨서 내보내지도 않겠지만 (그 자체가 아동학대다), 만약 그런 일이 벌어져서 동네 사람이 그렇게 하면 즉각 신고 당하고 경찰서로 끌려 갈 것이다. 왜 똑같은 '물리적 행위'(physical behavior)에 완전히 다른 '해석'을 붙이는 걸까? 답은 당연히 두 시대의 사회구조가 다르기 때문이다.

앞에서 '사회구조'란 무엇인가를 길게 논했다. 사회구조는 사회구성원들이 '체화'하고 있는 규칙 따르기에 대한 '감각'(sense)임을 독자들은 기억할 것이다. 요새는 어린아이들의 머리를 예쁘다고 쓰다듬는 것조차도 매우 조심스럽고 '하지 말아야' 할 금기가 되었다. 이 '요즘의 규칙'에 의하면 과거의 많은 어른들의 행위는 아동학대에 속하게 된다. 때리는 행위뿐 아니라 예쁘다고 귀엽다고, 장군감이라고 '손대는 행위'는 '성적 학대'의 범주에 속하기 때문이다. 이런 '범주화'와 '분류'는 누구의 것일까? 그것은 추상적으로 말하면, 개인이 선택한 것이 아닌 '사회적 분류'이다. 60년대를 살아온 모두에게 이런 일련의 행위는 학대는 커녕 사랑에서 비롯된 것이지만, 요즘 세대에겐 모두 '학대'일 뿐이다.

　그렇다면, 왜 이런 '해석의 전환'이 일어났을까? 앞에서 언급한 켐프의 얘기로 돌아가보자. 켐프는 당시에 소아 방사선과(pediatric radiology)의 의사였는데, 소아 방사선과는 두 가지 면에서 의대에서 별로 알아주지 않는 찬밥 신세였다. 첫째는 방사선과는 의대에서 가장 '의대답다고' 여겨지는 분과, 예를 들면 응급의학과나 외과에 비해서 매우 '소극적'이며 '수동적' 역할을 하고 있었기 때문이다. 둘째로 방사선과는 다른 분과에 비해서 환자들로부터 '격리'된 과였다. 방사선과 의사들은 다른 분야의 의사들과 달리 환자를 직접 대면하지 않았고, 소위 '무대 뒤'에서 일하고 있었기 때문이다. 이상적 의사상은 어떤 것일까? 대부분이 '외과' 의사를 떠올릴 것이다. 응급실에 실려오는 중상을 입은 환자들은 1분 1초가 중요한 중한 상처를 입었다든가, 혹은 그에 준하는 커다란 병을 가지고 있는 사람들이다. 외과 의사들은 생사를 오가는 이들과 '사투'를 벌이며 생명을 구하고자 전력을 다하는, 의사사회에서도 중심적인 역할을 하는 사람들이다. 이에 비하면 방사선과는 단순히 환자의 상태를 '촬영'하고 분석하는 소극적 역할을 할 뿐, 환자와 대면해서 씨름하는 그런 역할과는 거리가 있다. 즉, 외과가 중심인 의사사회에서 소아 방사선과 의사는 적극적이기보다는 수동적인 '연구자'로 간주되었고, 따라서 의사사회에서의

　　　　　　　　　　　　　　　비트겐슈타인과 규칙 따르기

지위가 상대적으로 낮았다.

　우리가 자주 보는 의학드라마나 소설, 그리고 영화의 주인공은 대부분 외과의사라는 사실도 이를 증명해준다. 어렸을 때 최고 인기였던 미국 TV 드라마 시리즈 〈도망자〉의 주인공 역시 외과의사였는데, 억울한 누명을 쓴 그가 잡힐 위기에 처할 때마다 미모의 여성들이 구해줬던 생각이 난다. 또 레마르크의 유명한 소설, 『개선문』의 주인공 라비크도 역시 외과의사였다. 의대에서 당시에 또 하나 소외받는 과가 있었으니 소아 정신과(pediatric psychiatry)였다. 여기도 방사선과 정도는 아니었지만, 그와 비슷하게 의학에서 변방으로 여겨졌던 분야였다. 켐프와 함께 최초로 '아동학대'에 관한 논문을 같이 썼던 몇몇 의사들은 바로 소아 정신과 의사들이었던 것이다. 그런데 왜 학대당한 아동들을 직접 진료한 의사들이 학대를 먼저 찾아내고 문제시하지 않고, 아이들 진료와 직접관계가 없는 이들 소외받는 의사들이 아동학대를 '발견'했을까? 스티븐 폴(Stephen Pfohl) 등의 사회학자들은 기발한 상상력으로 매우 재미있는 '가설'을 끌어낸다.[5]

　왜 학대당한 아동들을 직접 대면하고 치료했던 의사들이 아니라 소아 방사선과 의사들이 학대를 알아챌 수 있었을까? 폴에 따르면 학

5　Stephen Pfohl, "The 'Discovery' of Child Abuse", 『Social Problems』24:310-323, 1977.

대당한 아이들을 직접 진료했던 의사들이 학대를 눈치채지 못한 데는 몇 가지 이유가 있었다. 우선 당시의 모든 사람들과 마찬가지로 이들은 부모가 '설마' 아이를 그렇게까지 때렸을지는 상상도 하지 못했다. 둘째, 이들은 의사와 환자(실제로는 아이들의 보호자인 부모) 사이의 소위 '비밀유지의 규범'(norm of confidentiality)을 위반하면서까지 부모를 추적하기를 꺼려했다. 학대받은 아동을 직접 치료한 의사들이 상대했던 환자는 실제로는 아동이 아니라 그들의 보호자인 부모들이었다. 그러므로 만일 진료를 직접 했던 의사들이 아동의 상처가 부모의 학대로 인한 것으로 진단하면, 그들은 부모와의 소송 전쟁을 위해 '법정'에 가서 자신의 진단에 대한 증거를 대야 하며, 결국 엄청난 시간과 비용을 쏟아부어야 하는 소송 등에 휘말려야 했기 때문에 응급실 의사들은 부모와의 법정 다툼을 꺼려했다. 셋째는 당시의 외과의사들에게 아동학대란 개념은 상상하지도 못한, 존재하지 않은 개념이었다.

그럼 켐프 등의 소아 방사선과 의사들은 왜 다른 의사들과 달리 이런 상황에 노출되는 걸 두려워하지 않았을까? 우선 이들은 응급외과 의사들과 달리 비밀유지 규범에 의해 크게 구속받지 않았다. 왜냐하면, 이들 소아 방사선과 의사들은 심각한 상처를 입고 응급실에 온 아이들도 직접 만날 이유가 없었고, 또 아이들의 부모와 마주해야 할 필요도 없었다. 또 순수 연구자로서 아이들의 엑스레이 필름에 새겨진

비트겐슈타인과 규칙 따르기

이름 외에는 가족에 대한 아무런 정보도 알 수 없었고, 오직 흑백 필름만 분석하고 결론을 내렸기 때문에 아동의 가족으로부터, 그리고 비밀을 지켜야 한다는 규범으로부터 상대적으로 자유로웠다.

아동학대를 '발견'해냄으로써 소아 방사선과 의사들은 의사사회에서 그들의 '지위'를 끌어올릴 수 있었다. 실제로 소아 방사선과와 소아 정신과 의사들은 '아동학대'(battered child syndrome)란 '증상'을 만들어냄으로써 단숨에 의학계에서 커다란 주목을 받는 '중요한' 분과의 의사들이 되었다. 이들 두 분과의 의사들은 아이들을 때리는 행위를 새로운 '질병'으로 '분류'하고, 이러한 새로운 '질환'에 주의를 환기시킴으로써 커다란 사회변화를 가져왔다. 즉, 아이들을 때리는 행위가 예전처럼 교육적 차원에서의 단순한 훈육으로 이해되어야 하는 것이 아니라, 치료받아야 할 병이라는 인식을 심어줬다. 이 '질환'을 보고 자란 아이들이 성인이 되면 그 부모와 똑같은 증상을 보일 것이란 사실도 이 병이 치료받아야 할 무서운 병이라는 인식을 더했다. 미국의 각 주에서 아동학대를 금지하고 처벌하는 법이 즉각 발의되고 법제화되었고, 각 가정과 이웃은 서로를 감시하고 의심스러우면 신고하게 되었다. 한마디로 필수적인 교육의 일부로 여겨졌던 '체벌'이 모두가 비난하고 피해야 하는 '병적 증상'인 '학대'로 '재분류'되고 새롭게 묘사되면서 이전과는 완전히 다른 사회가 탄생한 것이다.

더 깊은 논의를 위한 참고문헌

✷ 앞에서 잠시 논한 이데올로기와 유토피아에 대한 심도 있는 논의는 지식사회학의 고전인 칼 만하임(Karl Mannheim)의 같은 제목의 책, 『Ideology and Utopia: An Introduction to the Sociology of Knowledge』(Louis Wirth와 Edward Shils 번역, New York: Harcourt, Brace and World, 1966)을 추천한다. 이 책의 중심내용은 '무엇이 진리'인가는 종래의 철학적 접근이 아닌 역사적·사회학적 접근을 통해서만이 규정될 수 있다는 것이다. 조금 어렵지만 진리가 무엇인가에 대한 종래의 생각을 뛰어넘은 혁명적 전환을 가져온 책이다.

비트겐슈타인과 규칙 따르기

4

하버마스와 심청이:

사회과학은 객관적일 수 있을까?

사회과학이 과연 '객관적인' 학문이 될 수 있을까? 다시 말하면, 사회과학자가 제3자의 입장에서 '객관적'인 시선으로 자신이 연구하는 사람들을 묘사하고, 분석할 수 있을까? 많은 사회과학자들은 마치 그러한 제3자적 관점이 가능한 것처럼 주장하고, 또 그렇게 가르쳐왔다. 20세기 최고의 사회·정치이론가이며 철학자 중 하나로 꼽히는 위르겐 하버마스가 사회과학이 제3자의 객관적 관점을 유지할 수 있다고 주장하는 실증주의를 오랫동안 비판해왔다는 것을 아는 사람은 많지 않다. 하버마스는 '공론장'(public sphere)이라는 개념을 만들어내고, 소위 심의 민주주의(deliberative democracy)란 이론의 옹호자로 알려져 있지만, 정작 그의 공론장의 철학을 지탱하는 이론적·철학적 근거가 실증주의 비판과 밀접한 관련이 있다는 사실은 잘 알려지지 않았다.

아동학대와 규칙 따르기의 변화를 논하다가 사회과학의 객관성 문제로 주제가 갑자기 바뀌니 독자들은 의아해할 것이다. 그러나 조금만 참고 다음에 전개되는 논의를 따라가면 왜 사회과학의 객관성과 규칙 따르기의 변화가 밀접한 관계를 가졌는가를 이해할 수 있을 것이다. 어려운 논의를 최대한 쉽게 풀어내려고 한 것이 이 책의 목적이니, 하버마스가 '의사소통행위이론'(theory of communicative action)이라 부른 이론을 예를 들어서 풀어가보자. 하버마스는 실증주의자들이 제3자의 관점에서 얻을 수 있다고 주장하는 객관적 지식은 실제로는 얻어질 수 없다고 이야기한다. 하버마스에 따르면 다른 집단이나 문화의 규칙 따르기에 대한 이해는 실증주의자들의 주장처럼 가치판단을 배제한 이론가의 제3자의 관조적 입장을 취해서는 불가능하고, 이들 집단의 규칙 따르기의 합리성에 대한 이론가의 '비판적 평가'(critical evaluation)를 통해서만이 가능하다고 주장한다.[1]

이 주장은 좀 어렵지만 차근차근 따라가면 이해할 수 있을 것이다.

---

[1] 독자들은 아마 이 지점에서 많이 들어본 막스 베버의 '가치중립적 과학'(Werturteilsfreie Wissenschaft) 주장과 하버마스의 주장이 상충하는 게 아닌가라는 생각을 할 것이다. 다음의 논의에서 명확해지겠지만 하버마스의 이론적 기여 중 간과되었던 것은 그가 사회과학자에게 베버와 같은 가치 중립은 불가능함을 정밀하게 논증한 것이라 할 수 있다.

하버마스는 다른 문화나 집단에 속한 사람들의 세계를 이해하기 위해 프로이트(Sigmund Freud)로부터 심리분석(psychoanalytic model) 모형을 빌려온다. 하버마스가 심리분석 모형을 빌려온 이유는 정신질환을 앓고 있는 환자의 정신세계를 이해하려는 의사와 다른 문화나 집단에 속한 사람들을 이해하려는 사회과학자의 상황이 같다고 보았기 때문이다. 우선 왜 심리분석 모형이 사회과학에서 중요한 이론적 모형이 될 수 있는가를 논한 후, 왜 그 모형이 정신질환자가 아닌 정상인들, 그리고 나아가서 다른 문화를 이해하는 데 사용되는 보편적 모형이 될 수 있는가를 얘기해보자.

정신질환은 어떻게 발생하는가? 프로이트에 따르면, 환자를 포함한 우리 모두는 누구나가 인생을 살아가면서 여러 일을 겪게 되지만 대부분의 이런 경험은 그것이 기분 나쁘고 생경하더라도, "에이, 아무것도 아니야! 그럴 수도 있지"라는 식으로 해석됨으로써 우리 삶의 일부로 흡수된다. 그러나 생경하고 충격적인 경험의 강도와 진폭이 강해서 부드럽게 수용될 수 없을 정도의 것일 때는 문제를 야기하게 되는데, 이러한 충격적인 경험은 지금까지 부드럽게 이어져온 자신의 삶에 대한 해석에 급격한 단절을 가져오고, 그 결과 환자는 이 생경한 경험을 어떻게 해석해야 할지 몰라서 갈등하게 됨으로써 정신적인 질환이 나타나는 것이다.

자신이 누구이며, 어떤 삶을 살아왔는지에 대한 환자 자신의 생각은 그의 언어, 행위, 그리고 꿈 등을 통해서 표출되는데, 의사는 이를 해석함으로써, 환자의 '왜곡된' 의미 세계에 접근하려는 시도를 한다. 그러나 이런 시도는 곧 한계에 도달하게 된다. 왜냐하면 환자의 무의식 저변에 자리잡고 있는, 자신의 충격적인 경험(traumatic experience)을 '억압하려는 힘'이 의사로 하여금 환자의 의미세계에 접근하는 것을 방해하고 있기 때문이다. 예를 들어서 환자가 어렸을 때 겪었던 학대는 이런 충격적인 경험의 일종인데, 환자는 이를 억누르고 싶지만, 그럴수록 이 경험이 자신을 괴롭히게 된다. 다시 말하면, 그 생경한 경험이 너무나 생생하기 때문에 억누를 수도 없고, 그렇다고 이 경험을 의식의 세계에 그대로 노출할 수도 없는 상황에서, 이 경험을 억지로 누르고 감추려는 갈등이 정신질환을 유발시키는 것이다.

  앞의 예에서 정신질환은 환자 자신이 제어할 수 없는 외부적 원인, 즉, 학대에 의해 유발된다는 점에서 자연과학에서처럼 인과적 분석(causal analysis)의 대상이 되지만, 하버마스는 이러한 분석이 가능하려면, 의사는 먼저 환자의 의식세계에 접근할 수 있어야 한다고 주장한다. 그러나 그런 접근은 의사가 '의사 자신의 언어로' 환자의 억압의 근원을 재구성(reconstruct)할 때만 가능하다. 여기서 '재구성'은 환자의 성장과정에 영향을 미친 복합적 힘이 어떻게 환자의 의미세계를 왜곡하게 되었는가를 '의사의 입장'에서 의사 자신의 언어로 풀어낸

비트겐슈타인과 규칙 따르기

것을 의미한다.

이제 의사는 자신이 재구성한 환자의 의미세계를 그에게 알려줌으로써, 환자가 지금까지 자신의 삶을 지배해왔던 인과적 힘의 근원을 깨닫도록 도와주는 역할을 한다. 다시 말하면, 환자는 의사와의 '대화과정'을 통해서 자신의 삶에 대한 비판적 '성찰'을 함으로써 지금까지 자신을 제어하고 제약해오던 인과적 힘으로부터 해방될 수 있다는 것이다. 하버마스가 프로이트의 정신치료방법에 매력을 느낄 수 있었던 이유는 정신분석학이 전통적으로 자연과학적 분석에 중심이었던 인과모형과 이와 정반대 지점에 서 있다고 생각되어온 인문사회과학의 해석학(hermeneutics)을 통합한다는 데 있다.

조금 어렵다고 느끼는 독자들이 있을 것이다. 이제 쉬운 예를 통해서 전달해보겠다. 심청이와 심봉사의 얘기를 잘 알 것이다. 심청이는 앞을 못 보는 아버지 심봉사의 눈을 뜨게 하기 위해서 공양미 300석에 자신을 희생하기로 하고, 깊고 푸른 인당수에 몸을 던진다. 그 이후의 얘기는 모두가 알 테니 자세한 얘기는 이쯤에서 접도록 하자. 이제 서양인 하버마스가 심청이의 효도 얘기를 끝까지 다 들었다고 하자. 하버마스의 반응은 어떨까? 마치 심리분석을 하는 의사가 환자의 말을 들었을 때와 같은 반응을 보일 것이다. 즉, 심청이가 아버지를 위해서 공양미 300석에 목숨을 희생했다는 것을 들은 하버마스는 심청이가 왜 죽음을 택했는지는 그 이유를 심청이로부터 들어서 '알게' 됐음에도'(knowing) 불구하고, 심청이가 자신의 선택이 '왜' 옳았다고 생각했는지는 도저히 '이해'(understanding)할 수는 없다고 말할 것이다.

심청이의 설명을 들어서 이유를 '알게는' 됐지만, 왜 '이해'는 할 수 없었을까? 서양인인 하버마스는 죽음을 택하면서까지 하는 심청의 효도를 도저히 이해할 수 없었을 것이다. 즉, 하버마스는 "앞으로 살 날이 창창한 심청이가 얼마 있으면 죽을 수밖에 없는 앞 못 보는 아버지를 위해서 왜 희생해야 하는 걸까?"라는 질문부터 시작해서 계속 다음과 같이 이어갈 것이다. "왜 동양에서는 부모의 권리가 자식의 권리를 침해하고, 희생을 강요하는 걸까?" "아니라면 왜 심청이는 누구의 강요도 없는데, 모두가 두려워하는 시퍼런 바다 가운데 자진해서 목숨을 바쳤을까?" 심청이가 자신의 행위가 '효도'라고 '알려줬어도', 하버마스는 부모에게 잘하는 것이 꼭 '그런 형태'를 띠어야만 하는 것인가를 '이해'할 수 없다. 이제 하버마스는 자신이 보기엔 '왜곡된' 심청의 의미세계를 파헤치기 위해서 의사가 그랬던 것처럼 왜 심청이가 목숨을 바쳐서 한 효도가 '정당하다고', 심지어는 '행복하다고' 느끼게 되는가를 자신의 입장에서 자신의 언어로 '재구성'하고 '해석'할 것이다.

이 해석 혹은 재구성은 심청이가 효도를 함으로써 느꼈다는 행복감을 하버마스 입장에서 '비판적으로 평가'하는 과정을 포함한다. 심청이는 자신의 목숨을 희생해야 하는 '정당하고 옳은 이유'(good reason)가 존재하고, 효도는 자발적 희생이라고 하버마스에게 말하지만, 하버마스 입장에서는 심청이 열거한 이유를 도저히 납득할 수 없고, 이해할 수 없다. 따라서 하버마스는 의사가 그랬듯이 심청이 자신의 희생을 정당하고 바람직한 것이라고 생각한 '원인'을 찾게 된다. 하버마스의 재구성은 다음과 같이 전개될 것이다. "동양의 충효사상은 군신 간의 관계, 그리고 부모/자식 간의 관계를 상하복종으로 보았다. 부모는 그들이 모시는 주군에게 복종하고 충성해야 하며, 자식들은 그들이 모시는 부모에게 복종하고 희생해야 한다는 지배 이데올로기를 체화한 심청이는 기꺼이 자신을 희생하게 된 것이다." 이는 의사가 그랬듯, 심청의 무의식의 세계를 하버마스가 '자신의 언어'로 재구성한 것을 뜻한다.

이 지점에서 마치 저기 있는 자연세계나 정물을 객관적으로 관찰하는 제3자의 관조적 관점(contemplative attitude)은 이미 그 타당성을 상실하게 된다. 왜냐하면, 하버마스가 심청이의 효도의 '합리성'을 평가할 때 이미 그는 심청이의 행위에 대한 '관조적인 관찰'이 아니라, '비판적이고 참여적인 태도'를 취하기 때문이다. 다시 말하면, 사회과학자는 자신의 연구대상인 행위자를 연구할 때, 제3의 관조적인 자세를 취할 수 없고, 행위자의 행위의 합리성에 대한 자신의 '비판적 판단 혹은 '평가'를 개입시킬 수밖에 없다는 것이다. 그래야만 하버마스는 자신의 입장에서 볼 때는 정말 기괴한 심청이의 행위를 '이해'할 수 있기 때문이다. 심리치료를 하는 의사나 심청이와 대화를 하는 하버마스나 공히 자신의 대화 파트너의 진리주장을 비판적으로 평가하고, 그런 평가에 대한 상대방의 비판적 평가에 다시 반응하는, 소위 '타당성 주장'(validity claim)을 교환하게 된다. 이런 타당성 주장의 교환은 일련의 담론을 형성하게 되고, 이런 담론은 결국 '진리를 향한 담론'(oriented to truth)이 된다.

심청과 하버마스의 대화로 돌아가보자. 하버마스가 심청의 효도를 '재구성'해서 심청에게 다음과 같이 말했다고 하자. "너는 깨닫지 못하고 있지만, 내 생각엔 네가 스스로 옳다고 믿는 '효도'는 사실은 동양의 충효사상의 일부로서, 지배계층이 다른 계층을 지배하는 걸 '정당화하기' 위해 사용해온 이데올로기일 뿐이다". 이런 하버마스의 비판적 평가에 접한 심청이는 다음과 같이 반응할 수 있다. "아, 그래요! 말씀을 듣고 보니, 제가 이제껏 믿어왔던 효도란 지배계층의 이데올로기이며, 지금껏 그런 지배가 몸에 젖어서, 효도란 목숨을 바쳐서라도 해야 하는 것으로 '오인'(misrecognize)해왔어요. 이제 깊은 성찰을 통해서 저는 지금까지 저를 억눌러왔던 '힘'에서 벗어날 수 있게 됐네요!"

비트겐슈타인과 규칙 따르기

그러나 심청이 꼭 그런 반응을 보이리란 보장은 없다. 그렇다면 이런 반론도 가능하다. "하버마스 당신은 효도를 잘못 이해하고 있나 본데, 나는 그런 지배 이데올로기의 희생물이 아니고, 나 스스로 '자발적으로' 그런 희생을 한 것이다." 하버마스는 다시 반격한다. "네가 너의 목숨을 기꺼이 희생하게 된 것은 유교에서 가르치듯 자식이 부모를 위해서 당연히 해야 하는 '도리'가 아니라, 유교사회에서 퍼뜨린 지배사상에 '세뇌' 당해서, 지배를 의식하지 못할 뿐이다." 다시 심청이. "너희 나라에서는 그럼 부모가 눈이 멀고 고통을 받아도, 자식이 되어 멀뚱히 보고 있냐? 그런 무지한 쌍놈들도 있다더냐?". 다시 하버마스. "네 말대로 서양 사람들이 쌍놈이라 부모를 몰라라 하지 않는다. 서양에서도 부모를 섬기지만, 너희처럼 희생을 강요하지는 않는다. 부모를 섬기는 여러 다른 방법이 있고, 우리는 이들을 사용하지, 너희처럼 야만적으로 죽음을 효도로 미화해서 자식을 희생시키는 부모는 없다. 내 입장에선 너를 그런 지배 이데올로기의 희생물로 이해할 수밖에 없다."

이런 대화는 어느 시점에 종료될지 알 수 없다. 독자들의 상상력이 풍부하다면, 이 대화를 계속 이어 나가서 어떤 결말이 날지 생각해보도록. 어떤 결론이 나든, 확실한 것은 이 대화는 결국 하버마스의 주장처럼 '진리에 정향'(oriented to truth)되어 있다는 것이다. 즉, 이 논쟁의 당사자들은 대화를 통해서, 이 대화의 특정한 맥락을 넘어서는 '보편적 진리'에 도달하고자 하는 것이다.

이는 사회과학자뿐 아니라 친구들 사이에서 혹은 우리가 다른 문화를 이해하려 할 때에도 공히 적용되는 모형이다. 사회과학자와 행위자의 간의 대화뿐 아니라 우리의 일상도 '이해'를 위한 대화가 때론 필요하다. 우리의 일상적 대화는 서로가 암묵적으로 공유하고 하는 규칙 따르기를 통해서 문제없이 부드럽게 진행된다.

그러나 우리의 일상적 대화도 어떤 경우엔 하버마스가 '담론'(discourse)이라 부른, 진리를 찾기 위한 논쟁으로 진입하게 된다. 예를 들어보자. 최근에 교황이 동성애 커플도 축복할 수 있다고 하면서 오래된 교회의 도그마를 깬 듯이 말해서 커다란 반향을 불러왔다. 그러나 문제는 그럼에도 교회는 동성애자들의 결혼만은 축복할 수 없다고 말한다. 참 모호하면서도 이상한 결론이다. 동성애자들도 축복받을 권리가 있다는 것을 인정하면서도, 왜 한편으론 축복받은 사람들끼리의 '결혼'은 안 되는 걸까? 매우 '이해'하기 어려운 주장이다. 하버마스가 말한 '담론'(discourse)은 여기서 시작된다. 즉, 다른 문화에 속한 심청이를 이해하려 한 하버마스와 마찬가지로, 같은 문화에 속한 우리조차도 교회의 이런 '모순되어 보이는' 입장을 도저히 이해할 수 없다. 동성애 커플도 하나님의 축복을 받을 자격이 있다면서 결혼은 축복이 안 된다? 이를 '우리 입장'에서 이해하려면, 교황청 주장의 근거를 '우리의 언어'로 재구성하는 수밖에 없다. 즉, 교회가 동성애자들을 축복하기로 한 것은, 변화된 현대사회에서의 요구를 수용하기 위해서였지만, 오래된 교회의 강경했던 동성애 배제를 완전히 풀기 어려워 '절충안'으로 제시한 '전략적 선택'일 뿐, 진정한 축복이라고 볼 수 없다는 해석이다. 그렇게 '해석'하지 않고서는 교황과 교회를 이해할 수 없다고 주장했다고 가정하자. 이렇게 '재구성'한 것은 '비판적 입장'에서 교황청의 행위의 이유를 알아보고자 한 것이다. 이런 해석의 진위는 교황청과 '대화'를 해나감으로써만 판명될 수 있다. 교회에서는 그런 비판적 해석이 옳다고 시인하거나 틀린 것이라는 반응을 내놓을 것이다. 여기서 대화는 시작되고, 이것은 서로의 행위를 '정당화'하기 위한 대화, 즉 민주적 대화로 이어질 것이다. 독자들은 이제 비로소 왜 사회과학이 가치 중립적인, 제3자의 관점에서 연구대상을 객관적으로 연구할 수 없는가를 이해했을 것이다. 마지막에 든 교황청의 예는 우리가 살아가면서 자주 대면하는 이해의 단절이 어떻게 '담론'을 통해서 해소될 수 있는가를 보여주는 예이다.

더 깊은 논의를 위한 참고문헌

☀ 하버마스의 저작과 그에 대한 논의는 모두 길고, 매우 어렵지만, 그럼에도 하버마스가 자신의 중심사상을 짧은 논문 한 편에 명쾌하게 정리해놓았다. 하버마스 연구자들에게 잘 알려져 있지 않은 이 논문의 제목은 "Interpretive Social Science vs. Hermeneuticism"이며 Norma Hann 등이 편집한 『Social Science as Moral Inquiry』 New York: Columbia University Press, 1983에 수록되어 있다. 필자는 이 논문이 하버마스가 자신의 사상을 다른 사상적 조류와 대비시키면서 가장 명쾌하게 풀어냈다고 생각한다.

5

계급과 아비튀스:

사회적 분류와 규칙 따르기

인도의 카스트제도에서는 사람들을 크게 브라만, 크샤트리아, 바이샤, 수드라, 불가촉 천민으로 나누고 있다. 물론 현대 인도에서는 카스트에 입각한 차별을 법으로 금하고 있지만, '실제로는' 아직도 이런 차별과 학대가 계속되고 있다는 것은 잘 알려진 사실이다. 지배계층이 나머지 계층에게 부과한 이런 멍에는 서로 다른 계층의 결혼을 금하는 것은 물론 접촉도 허용하지 않으며, 이를 위반할 경우 명예살인이란 미명 아래 자신의 자식도 죽이는 것을 서슴지 않고 있다. 우리는 인도에서 카스트제도가 아직도 작동하고 있다는 것에 놀라면서도 발전된 우리 사회에서도 그러한 차별과 구분이 '미묘한 방식'으로 작동하고 있다는 데 대해서는 상대적으로 무딘 편이다.

영국 밴드 라디오헤드가 부른 〈크립〉(creep)이란 노래가 있다. 크립은 '괴상한 사람' 혹은 편의상 '찌질이'라고 할 수 있지만, 이 번역 자체가 사실 어색한 편으로, 다음과 같은 노래 가사를 생각해보면 이 단어의 정확한 의미를 알 수 있을 것이다. "전에 당신을 봤을 때 나는 당신의 눈을 똑바로 볼 수가 없었어요. 당신은 천사 같았고…아름다운 세계에 떠 있는 깃털 같았어요. 나도 당신같이 특별했으면 좋겠어요. 하지만 나는 찌질이죠. 나도 내가 여기서 뭘 하고 있는지 모르겠어요. 나는 여기 어울리지 않아요."이 노래의 가사는 사랑하기엔 자신과 너무 다른, 어울리지 않는 다른 세계에 사는 사람을 사랑해서, 멀리서만 훔쳐보는 괴로운 심정을 표현하는 것인데, '다른 세계'란 어떤 세계를 말하는 것일까? 공식적으론 근대 시민사회의 등장과 함께 계급은 없어진 걸로 되어 있지만, '실제로는' 아직도 우리는 서로를 다른 세계에 속하는 것으로 차별하고 구분하는 세상에 살고 있다.

인문사회과학자들은 위에서 말한 '어울리지 않는다'가 무엇을 의미하는가에 대해서 오랫동안 천착해왔지만, 내 생각으론 이에 대한 어렵지만 가장 뛰어난 대답을 내놓은 사람이 바로 20세기 최고의 사회학자라 일컬어지는 프랑스 사회학자 피에르 부르디외다. 그의 말을 빌면, '찌질이'는 그가 사랑하게 된 여성과는 다른 '계급 아비튀스'(class habitus)를 가지고 있는 것이다. 아비튀스는 사실 악명높은 어려운 개념으로 학자들 사이에서 대논쟁이 벌어진 개념이지만, 여기

비트겐슈타인과 규칙 따르기

서는 아비튀스의 이론적·철학적 개념을 '추상적'으로 논하기보다는, 앞에서 길게 논의한 비트겐슈타인의 '규칙 따르기'를 사용해서 쉽게 풀어보자. 부르디외 자신도 이론적인 난관에 봉착할 때마다 비트겐슈타인으로 돌아가서 다시 생각한다고 고백했으니 계급과 계층도 비트겐슈타인의 규칙 따르기 개념을 통해서 생각해보면 도움이 될 것이다.

찌질이의 아비튀스는 자신이 동경하는 여성보다 못한 집단 혹은 계층의 사람들이 내면화한 '판단의 총체'를 지칭한다. 여기서 '총체'가 문제가 되는데, 이는 규칙 따르기에서 누누이 말했듯이 규칙 전체를 전부 '사전'에 다 열거할 수 없지만, 상황에 어떻게 대처해야 하는가를 '아는' 규칙 따르기에 대한 '감'(感, sense)을 말한다. 아직도 '총체'란 말이 애매하다고 느껴지는 독자를 위해서 몇 가지만 열거해보자. 찌질이가 속한 계층의 사람들은 미술 전시회나 음악회나 박물관에 가는 것은 자신들과는 관계없는 사치로 생각하고, 그런 것은 돈 있고, 교육 많이 받은 사람들의 전유물로 생각한다. 이들과 다른 세계에 사는 사람들은 말로는 다 표현할 수 없는 특별한 그들끼리의 '분위기'를 가지고 있고, 그것은 그들만이 풍기는 냄새로 알 수 있다. 여기서 '냄새'란 그들이 사용하는 향수를 의미하는 게 아님은 독자들도 알 것이다. 그녀가 속한 집단이 가진 분위기란 그녀가 말하는 방식, 다리를 꼬고 앉는 방식, 심지어 바지 혹은 치마의 길이, 넓이, 옷깃을 세우는 방식, 사용하는 향수, 구사하는 언어를 포함한 모든 것에서 뿜어져 나오는 '포스'를 말한다. 이것이 그녀가 속한 계급의 특징을 담은 계급 '고유'의 아비튀스이다. 우리는 이를 쉽게 말해서 '삶의 스타일'(life style)이라고 부르기도 한다.

찌질이는 철학적이고 이론적으로는 아니지만, 계급간의 이런 차이가 존재함을 알고 있고, 그런 인식하에 행위한다는 의미에서 규칙 따르기를 하고 있다. 찌질이가 갑자기 돈이 좀 생겼다고 최고급 호텔의 양식당에 식사하러 갈까? '이론적'으로는 얼마든지 그럴 수 있다. 그러나 못 가는 게 아니라 안 갈 것이다. 왜? 그런 고급 호텔의 분위기가 '불편'해서일 것이다. 그야말로 자기와 '어울리지 않는 것이다'. 그런 곳을 가려면 우선 거기에 '맞게' 차려 입어야 하는데, 그렇게 하는 게 어떤 것인지를 잘 모를뿐더러, 그렇게 할 수 있어도, 실제로 어떤 매너가 요구되는가를 모를뿐더러, 한 번에 '조금씩' 나오는 호텔의 양식 코스 메뉴가 먹어도 먹은 것 같지 않고, 그래서 늘 먹던 것을, 한꺼번에 먹어야 배부르고 편하다. 한마디로 뭔가 '불편'하고, 맞지 않는 옷을 입은 그런 상황이 될 것이다. 찌질이가 속하지 않은 계층은 그런 삶의 스타일을 만들어놓고 자기들끼리 독점적으로 즐긴다. 이것이 현대의 계급이고, 부르디외 식으로 말하면, 다른 계층을 배제하는 '배제전략'이다.

자신을 '스스로' 열등한 사람으로 '분류'하는 '분류 틀'에 따른 규칙 따르기에 '충실한' 찌질이는 그가 사회화를 통해서 몸에 체화한, 사회적 분류 틀의 '포로'라 할 수 있다. 이 사회적 분류 틀은 다시 '간장게 장'처럼 몸에 배어서 그의 의식과 행위를 지배한다. 좀더 얘기를 구체화해보자. 찌질이의 생각엔 자신이 받은 교육수준, 출신학교, 부모의 배경, 친구관계, 그리고 소득을 포함한 재정적 상태 등 여러 차원을 고려해볼 때 자신은 그녀를 사랑할 자격이 없다고 판단한다. 부르디외의 말을 빌리면, 찌질이는 '스스로' 자신을 못난 계층, 저질 계층으로 분류하고, 자신이 사랑하는 여인을 '쳐다볼 수 없는 계층', '어울리지 않는 계층'에 속한 사람으로 분류함으로써, 지배를 '내면화'하고 있는 것이다.

여기서 '스스로'라는 말이 가장 중요한데, 찌질이는 누가 강요하고 강제해서, 실제론 자신이 그렇지 않은데, 자신이 '그녀'보다 못났고, 접근할 수 없는 다른 세계에 산다고 생각하는 것이 아니라, 스스로 그렇게 믿고 행동한다는 것이다. 이것이 부르디외가 찌질이와 같은 피지배계층은 지배를 '내면화'하고 있다고 주장하는 근거이다. 앞의 규칙 따르기 논의를 빌려오면, 찌질이는 자신이 "어떤 어떤 사람이고, 어떤 어떤 자격밖에 안 되기 때문에" 그녀에게 다가갈 수는 없고, 멀리서 애만 태워야 한다는 '규칙'을 따르고 있는 것이다. 여기서 찌질이는 두 가지 측면에서 지배계층이 만들어낸 규칙을 따르고 있다. 하나는 지배적인 분류 틀에 스스로 복종하면서 자신의 위치를 파악하고 해석하며, 둘째는 그런 판단에 의해서 자신과는 다른 세계에 사는 그녀에게 다가가지 말아야 한다는 규칙을 따라가고 있는 것이다. 독자들은 이 지점에서 이런 반응을 보일 수도 있다. 그까짓 것 밑져야 본전인데 규칙을 어기고 저돌적으로 한번 다가가보지, 뭐 못할 게 있냐? 결과는 아마 그렇게 즐겁지 않을 것이라는 것은 누구나 예측할 수 있다.

남녀 관계에 관한 찌질이의 예를 '일반화'해볼 수는 없을까? 물론 가능하다. 우리는 매순간 살아가면서, 수많은 판단과 평가를 하고 또 평가를 받는다. 누가 똑똑하고, 뛰어나며, 누구는 못났고, 열등하고, 또 어떤 것이 미려하고, 저급하며, 어떤 것이 세련되고, 고급스러운 것이며, 어떤 사람은 피해야 하고, 가까이해야 하는지 등. 이러한 일련의 연속된 판단과 평가는 내가 남을 판단하고 평가할 때 사용하지만, 동시에 남이 나를 그렇게 할 때도 사용하는 사회적으로 '공유된' 판단 · 분류의 틀이다. 어떤 상황에서는 어떻게 판단하고 행동해야 하는가에 대한 일종의 '규칙 따르기'에 다름 아니다. 앞에서 지적했듯이 이 규칙 따르기를 몸에 체화한 사람이 사회구조를 체화한 것이다. 이런 규칙 따르기를 통해서 우리는 스스로를 평가하고, 다른 사람의 행위와 믿음을 '분류'하고 평가하고 판단한다.

비트겐슈타인과 규칙 따르기

우리 일상의 판단을 지배하는 아비튀스는 우리의 판단과 행위의 준거점으로 작동하면서, 행위를 지배한다. 이런 차등적 계급 아비튀스의 기원과 깊은 관계가 있는 것은 현대사회의 교육제도이다. 신분사회가 사라진 현대사회에서 모두가 학력에 집착하는 것이 그런 이유이다. 미국의 아이비 리그(Ivy League)에 속한 대학 중에서도 가장 입학하기가 어렵다는 하버드, 예일, 프린스턴 대학에 대한 카라벨(Jerome Karabel)의 연구로부터 얘기를 시작해보자. 버클리대학의 사회학 교수인 카라벨은 『선택된 자』(The Chosen)란 책에서 세 대학의 입학전형에 대한 역사적 자료를 추적하면서, 겉으로는 이들이 매우 공평하고, 계급차별이 없는 입학정책을 펴온 것 같지만, 실제로는 매우 기울어진, '특정 계층에 유리한' 정책을 고수하고 있다고 주장한다.[1] 1900년대 초에는 이들 대학이 학교성적보다는 미국에서 가장 금전적, 정치적으로 영향력 있는 가문들의 자제들을 선발했는데, 1950년대 이후로는 여러 이유로 이런 정책을 바꾸면서 학업성적 위주로 학생을 선발하는 소위 '능력주의'(meritocracy)로 선회했다. 소련의 학생들에 비해 미국 학생들의 학력이 떨어지고 있고, 학문적 수월성을 표방하면서도, 실제론 공부 잘하는 학생들을 뽑지 않고, 기존의 권력층의 자제를 뽑아서 지배를 영속화한다는 비판이 그런 이유들이었다.

1　Jerome Karabel, 『The Chosen: The Hidden History of Admission and Exclusion at Harvard, Yale and Princeton』 Boston: Houghton Mifflin, 2005.

카라벨의 책이 흥미로운 것은, 그런 정책 선회에도 불구하고, 미국 최고의 대학들이 아직도 선발기준을 '미국의 상류계급이 만들고, 따라서 그 계층에 속한 자식들만 갖출 법한 기준'에 맞추고 있다는 것이다. 간단하게 말하면, 학력이라는 단일한 기준에 의해서 학생들을 선발한다고 주장하지만, 학력이 계층과 연동되어 있기 때문에, 궁극적으로 선발이 공평하다는 주장은 거짓말이라는 것이다. 그렇다면 이들은 어떻게 학생들을 선발할까? 간단한 통계 몇 가지만 나열해보자. 1952년엔 하버드대학 신입생의 37퍼센트 이상은 아버지가 대학을 가지 못한 고졸 이하의 학력을 가졌지만, 1996년엔 그 비율이 10퍼센트 조금 넘었을 뿐이다. 쉽게 말하면, 교육을 많이 받은 부모가 자식을 하버드에 더 많이 보낸다는 것이다. 이것을 교육의 대물림이라 해도 아무런 무리가 없다. 더 놀라운 것은 1996년엔 미국사람의 3퍼센트 정도만이 의사, 변호사, 교수 등의 상류층 직업을 가진 것으로 나타났지만, 30퍼센트가 넘는 하버드 신입생이 그런 상류층의 자제였다는 사실이다. 이는 상류층의 자제들이 그렇지 않은 계층의 자제들보다 비율로 볼 때 훨씬 많이 엘리트 대학에 입학한다는 것이다.

카라벨에 따르면 새롭게 변화했다고 주장한, 학력에만 의존해서 선발한다는 정책 뒤에는 '계층차별적' 요소가 존재했다. 1956년엔 돈이 많고, 권력이 있는 집안의 자제들이 금전적으로는 취약한 교수 등을 포함한 지식인 자제들의 4배에 달했지만, 불과 20년 후인 1976년

비트겐슈타인과 규칙 따르기

엔 지식인의 자제들과 부자들 자제의 비율이 거의 비슷해졌다. 이는 다시 말하면, 예전처럼 드러내놓고, 권력과 돈이 있는 집안의 자제들을 뽑지는 않고 있지만, 이 권위 있는 대학들은 이제는 '다른 의미'에서의 상류계층, 즉, '문화자본'(cultural capital)을 많이 가지고 있는 가정의 아이들을 뽑는다는 것이다. 다시 말하면, 이들 학교들이 이제는 '화폐자본' 아니면, '문화자본' 중 둘 중 하나를 가진 사회의 지배자 계층의 자제들을 주로 선발하고 있고, 그런 의미에서 계층 차별적인 입학정책을 펴고 있다는 것이다.

이제 얘기가 좀 복잡해졌다. '문화자본'이란 또 무엇일까? 카라벨 책의 단점이라면, 경험적 자료에 치중한 묘사에 집중한 나머지, 상류층이 '어떻게' 교육을 통해서 지배를 재생산하고 영속화하는가에 대한 흥미로운 이론적 '설명'을 결여하고 있다는 것이다. 이러한 이론적 공백을 메운 사람이 바로 부르디외다. 부르디외의 사회불평등에 대한 이론적 접근은 불평등에 대한 현대 주류 경제학에 대한 비판으로부터 시작한다. 미국의 주류 경제학자들 대부분은 사회에서의 불평등을 시장원리로 설명한다. 사회에서 누가 더 우위에 설 수 있을까? "그런 위계와 계층은 정당화될 수 있을까?"라는 질문에 경제학자들은 현대 경제학의 경쟁원리를 통한 '시장의 최적배분'원리에 따라서 '뛰어난 사람'은 위로 올라가고, '뛰어나지 못하면' 아래로 처질 수밖에 없다는 논리로 불평등을 정당화한다. 불평등한 '출발점'을 고쳐야 한다는 비판에 대해서 이들은 자본주의의 시장 메커니즘의 효율성을 대체할 만한 새로운 제도를 만들어내는 것은 비용 면에서 매우 비효율적이며, 따라서 실현 가능성이 없다고 주장한다. 또한 이미 한쪽으로 치우친 경쟁구조에서도 '머리만 좋으면', 다시 말하면 '능력만 있으면' 출세할 기회가 있으니 문제없다는 식으로 비판을 피한다.

얼핏 보면 맞는 말 같다. 뛰어나고 능력 있으면 문제될 게 없겠지. 그러나 문제는 '뛰어난 능력'이 어떤 것인가를 정의하는 사람들은 상류층이며, 이들 상류층이 만들어놓은 뛰어나다는 기준을 하층계급은 충족시키기가 매우 어렵다는 것이다. 다시 말해서, 이와 같이 기울어진 경쟁체제에서 자기가 뛰어나서 그런 모든 장애물을 넘을 수 있는 확률은 아주 낮다는 것이다. 그런 확률이 매우 낮을 수밖에 없는 이유는 위에서 하버드, 프린스턴, 예일의 예에서 논했듯이, 이들 학교에 입학하려면 상류층이 자신들에게 '유리하게' 만들어놓은 기준을 충족시켜야 하기 때문이다. 학력이 사회 · 경제적 성공과 직결된 사회에서 이런 학력을 갖추지 못한 사람들은 이미 성공의 중심에서 밀려난 것이다.

더 깊은 논의를 위한 참고문헌

☀ 이 장에서 논의한 지배는 몸에 체화되어서 그로부터 벗어나는 것은 불가능할까? 지배가 아비튀스의 형태로 체화되어 있다는 부르디외의 주장과 그에 대한 청중의 반론, 그리고 그에 대한 부르디외의 답을 대화형식으로 전개한 흥미로운 글은 "Doxa and Common Life: An Interview"란 제목으로 지젝(Slavoj Žižek)이 편집한 책, 『Mapping Ideology』 London: Verso, 1994에 수록되어 있다.

6

노하우로서의 문화자본:
능력의 사회적 구성

사회구성원들이 추구하는 것을 결정하는 요소는 '생래적 욕구'와 대비되는 의미에서의 '학습된 성향'(learned disposition)이다. 사람들은 자신이 속한 사회를 지배하는 특정한 '가치체계'가 설정해놓은 목표를 달성하기 위해서 노력하지만, 사회구조는 '사회적으로 허용'된 규칙 따르기를 통해서만 그런 목표에 도달하는 것을 권장한다. 쉽게 풀어보자. 보통 우리는 자신의 욕구가 개인의 욕구인 것처럼 착각하지만, 많은 경우 그 욕구는 사회에 의해서 '형성'된다. 예전에 대입시험 1등을 한 학생들을 생각해보자. 예전엔 문과·이과를 나눠서 문과 1등, 이과 1등을 인터뷰했는데, 내 기억으론 거의 예외 없이 문과 1등은 훌륭한 법조인이 되어서, 약자를 돕고 정의를 실현하겠다고 대답했고, 이것은 요즘의 문과 1등들에게도 대체로 적용된다고 생각한다.

이과 1등은? 답은 모두 알 것이다. 반세기 전 내가 고등학생일 때 이과 1등은 물리학을 해서 아인슈타인 같은 훌륭한 과학자가 되고 싶다고 한 반면, 요즘 1등은 당연히 '의사'가 되는 것이다.

나의 추측은 수학 올림피아드를 이끌었던 물리학과 교수의 다음과 같은 말에 기초한다. 이 분에게 나는 수학과 물리 분야에서 이렇게 세계대회에서 잘 하는 학생들이 있으니 얼마나 좋으냐고 물었더니, 그는 예상 밖의 대답을 했다. 수학, 물리학 분야 올림피아드에서 입상하고 좋은 성적을 거둔 학생들의 부모들이 자신에게 전화를 걸어 절대 물리학 등의 순수과학 쪽으로 학생을 유도해서는 안 된다는 부탁 아닌 부탁을 한다는 것이다. 그럼 이 부모들은 그런 '뛰어난' 자식들을 어디로 보내고 싶어할까? 당연히 의대로 가서 의사가 되길 바란다. 그렇게 되길 원하는 중요한 이유? 물론 금전적으로 윤택하고 안정된 직업이며 사회적으로도 인정받는 직업이기 때문이다.

이 '똑똑한' 학생들은 왜 거의 예외 없이 법대와 의대를 가려 할까? 이들 중 인류학을 전공해서 클리포드 기어츠 같은 훌륭한 인류학자나, 철학을 전공해서 칼 포퍼 같은 철학자가 되거나, 정치학을 공부해서 존 롤스 같은 세계적 정치이론가가 되거나, 허버트 사이먼(Herbert Simon)같이 정치학을 전공했음에도 노벨 경제학상을 받고, 또 인공지능과 과학철학, 인지심리학 등, 수많은 분야를 넘나드는 세계적인 석학이 되겠다는 학생을 본 적이 없다. 우리나라 고등학생들은 인공지능 애기는 많이 들어봤어도 인공지능 분야의 선구자 중 하나가 정치학 박사였던 허버트 사이먼이란 사실은 잘 모를 것이다. 이들이 인류학, 철학, 정치이론 같은, 한국에서는 '주변학문'으로 취급 받는 학문에 노출될 기회가 없었던 것이 하나의 이유가 되겠지만, 더 큰 이유는 이들 개개인이 자신이 하고 싶은 일을 자율적으로 정한 것이 아니고, 자신이 나가야 할 방향도 사회적으로 형성되고, 좀 심하게 말하면 강요되었기 때문이다.

사람들의 생김새가 다양한 것과 같이 개인의 성향도 천차만별일 것이고, 그렇다면 직업에 대한 선호도 다 다를 수밖에 없는데 왜 '한쪽'으로만 쏠림 현상을 보일까? 이것은 개인의 욕구조차도 사회적으로 형성되고 만들어진다는 증거이다. 나 스스로도 내가 무엇을 좋아하는지, 추구해야 하는지를 결정할 수 없다는 사실은 파슨즈(Talcott Parsons)가 말했듯이 우리의 '욕구성향'(need disposition)이 문화구조에 의해서 지배받는 것을 의미한다. 개인이 타고난 생물학적·유전적 성향보다 태어나고 자라난 사회가 부여하는 문화적 가치로부터 '유도'된 혹은 '형성'된 욕구가 우리를 지배하는 것이다. 편향된 욕구는 한쪽으로만 가려는 성향 때문에 '병목'현상을 만들어내고, 그 결과 개인들에게 강력한 압력을 가하게 된다. 모두 의사, 변호사, 판사, 검사만 하려 든다면, 당연히 경쟁이 치열해지고, 갈등이 유발될 수밖에 없다. 그러나 사회적으로 '허용'된 규칙 따르기를 통해서 누구나 사회·경제적으로 인정받는 지배계층이 된다는 것은 현실적으론 매우 어렵다. 누구나 좋은 학교에 가서, 그런 학교와 교육이 놓아주는 사다리를 타고 올라가고 싶지만, 아주 소수만이 기회를 가질 수 있다.

이제 비로소 5장에서 논의한 '문화자본'의 역할에 대해서 얘기할 수가 있다. 보통 사람은 물론, 사회과학자들까지도 문화자본이 예술, 문학 등에 대해서 해박한 지식을 가진, 문화적으로 '세련'된 것을 일컫는다고 생각한다. 물론 이런 상식적인 개념도 문화자본의 한 측면이다. 하지만, 부르디외가 생각한 문화자본은 이런 상식을 뛰어넘는 매우 복잡하면서도, 포괄적인 개념이다. 일단 상식적 개념에서 시작해보자. 예술, 음악, 문학 등에 해박한 지식을 가지고, 이를 감상하고, 즐기려면 우선 당연히 '금전적으로' 여유 있는 부모 밑에서 태어나야 한다. 먹고 살기도 급급한데, 부모가 손잡고 전시회나 음악회를 가고, 문학에 대해서 토론할 시간이 있을까? 하고 싶어도 그렇게 할 능력과 노하우(know-how)도 없을 것이다. 갑자기 부모가 돈이 생긴 집안도 있을 것이다. 그러나 문화자본을 축적하는 데는 '시간'이 걸린다. 갑자기 부자가 됐다고 해서, 음악에 대해서 잘 알게 되고, 음악감상의 매너를 몸에 '익히는' 것은 단시간에 할 수 없다. 문화자본도 따라서 부르디외에 따르면 시간이 걸리며, 단순한 금전적인 투자를 넘어선 시간과 노력을 포함한 '투자'가 필요하다.

비트겐슈타인과 규칙 따르기

그렇다면, 하버드대학 교수를 역임한, 프린스턴대학의 아주 저명한 사회학자인 폴 디매지오(Paul DiMaggio)조차도 '오해'한 것처럼 문화자본은 이런 예술과 인문학적인 '성향'과만 관계가 있고, 아주 전문적이고 테크니컬한 지식, 즉, 물리학과 같은 과학에서의 성취와는 관계없을까? 다시 말하면, 문화자본은 학교교육에서 인문학과 예술의 성취와만 관계가 있지 과학, 수학에서의 성취와는 관계가 없을까? 부르디외의 문화자본을 인문학적인 지식과 예술감상 능력에 국한한 디매지오 식의 상식적인 해석이 왜 잘못된 것인가는 다음을 생각해보면 확연히 드러난다. 디매지오의 영향을 받은 많은 사회학자들은 학생이 가정에서 받은 미술, 음악 등의 트레이닝과 그로 인한 예술적 감각의 향상, 그리고 문화, 역사 등 전반에 걸친 지식 등이 문화자본의 전부라고 생각한다. 하지만 상식적 해석이 간과하는, 그러나 부르디외가 '강조'하는 문화자본 개념은 부모가 교육과정에 '적극적으로 개입'해서 학생의 능력 향상에 영향을 미칠 수 있는 능력을 말한다. 다시 말하면, 문화자본을 가진 부모는 어떻게 하면 자식의 능력을 향상시킬 수 있는가에 대한 '노하우'를 가진 사람들이다. 이들은 이런 노하우를 가지고 자식의 교육에 '개입'하고, 영향을 끼침으로써, 자식의 교육성취를 적극적으로 돕는 것이다. 이것은 다른 계층이 가질 수 없는, 상류계층에 국한된 계급 아비튀스의 일부이다.

이러한 노하우는 일종의 '가족문화'로서 화폐자본과 마찬가지로 대물림될 수 있는 것이다. 예를 들어, 부모가 사회의 중상위층에 속했다면, 먹고 사는 데 힘들어서 자식들과 대화할 시간도 없고, 관심을 기울일 여유가 부족한 부모에 비해서, 경제적으로 여유가 있고 시간적으로도 자식들과 대화하는 기회를 더 많이 가질 것이다. 그 결과 이들 계층에 속하는 아이들은 노동계층의 아이들보다 자신을 표현하는 데 덜 망설이고 수줍어하며, 적극적으로 자신의 의견을 표현할 것이다. 이렇게 스킬이 뛰어난 학생과 그렇지 못한 학생 중 누가 학교에서 더 잘 할 수 있을까? 상류층 아이들은 그들 부모의 상대적으로 '높은 학력과 지적 수준'에 힘입어서 어떤 이슈에 대해서 문제를 찾아내고, 분석하고, 이를 잘 표현할 수 있는 능력뿐 아니라, 수리적 사고와 논리적 분석력도 다른 계층의 아이들보다 뛰어날 가능성이 크다. 다시 말하면, 상류층의 부모는 학교와 사회에서 "뛰어남, 능력 있음, 똑똑함'이라고 여겨지는 '자질'에 중심이 되는 스킬을 이미 가정에서 오랜 시간을 걸쳐서 자식에게 전수하는 것이다.

얼마전 불거졌던 교수, 정치인을 포함한 지배계층의 부모가 자신들이 가진 문화자본을 이용해서 진학과 취직에 필요한 인턴십(internship)을 얻도록 한 것도 문화자본의 일부이다. 이들 상류층 부모들은 사회 · 경제적으로 유리한 자신의 위치에서 파생되는 여러 종류의 '자원'과 노하우를 동원해서 적극적으로 자식의 학업성취와 미래 진로에 개입한다. 이들은 어떻게 해야 자식들이 진학할 때 유리한 위치를 확보할 수 있는가에 대해 잘 알고 있고, 자신이 가진 학연 혹은 다른 종류의 사회적 연줄을 동원해서 자식들을 사회적으로 명망 있는 기관에서 인턴을 하도록 돕는다. 좋은 직장에서는 이런 경험을 요구하기 때문에 이들은 그런 문화자본을 결여한 계층의 자식들보다 훨씬 수월하게 자신이 원하는 결과를 얻을 수 있게 된다. 결국은 이들 상류층'끼리' 원하는 지위를 '재생산'하게 되는 결과를 낳는 것이다. 중하층 계층의 부모들은 학업에 '개입'을 할 시간, 여유, 돈도 없고, 그렇게 개입할 노하우를 모르는데 반해서, 경제적·시간적 여유가 있고, 또 관심이 넘치는 상류층 부모들은 어디를 가야 자식의 출세에 도움이 될 수 있는 사람들을 만날 수 있고, 어디를 가야 훌륭한 '과외선생'과 '과외그룹'을 찾을 수 있을까도 잘 알고 있으며, 학교에 가서 선생님들을 어떻게 '대해야' 좋은 생활 기록부와 학업평가를 만들어낼 수 있는가도 알고 있다.

내 사례를 예로 들면 얘기가 좀 더 쉬워질 테니 별로 내키진 않지만 좀 해보자. 서울대학교 치과대학 교수였던 아버지는 60년대 중반에 사립초등학교들이 생기기 시작한 때 나를 그곳에 보내려고 하셨다. 누나와 형이 사립초등학교에 다녔으니 막내인 나도 넣으려고 하신 것인데, 그들과 다르게 나는 '망나니'였다. 막내라고 예쁨을 받아서 그런지 아침에 일어나서 머리맡에 초콜릿이 없으면 난리를 피고, 유치원에 보내면 자동차가 쌩쌩 달리던 큰길을 냅다 달려 집으로 돌아와서 어머니를 괴롭히고, 맛있는 것 내놓으라고 소리지르던 그런 애였다. 내 기억으론 유치원에 가기만 하면, '유치한' 율동을 하라고 하고, 이래라 저래라 하는 것이 참 싫었다.

내가 어른이 되어서도 어머니는 툭하면 유치원 등록금을 1년치 미리 냈는데 네가 다니지 않아서 그 돈이 너무 아깝다는 말씀을 하셨다. 초등학교에 입학하기 전 그런 식으로 망나니 짓을 했으니, 나는 낫 놓고 기역자도 모르는, 무식한 아이였다. 사립초등학교를 들어가려면 시험을 봤는데 글도 못 읽었으니 무슨 시험을 제대로 봤을까? 시험은 지금 기억에 오리, 닭 그림이 나오고, 그 발 모양과 연결시키는 문제가 나왔던 것 같다. 글씨를 몰랐으니 오죽 잘 봤을까? 그런데 시험과 달리, 면접은 또렷이 기억난다. 일곱 살짜리가 면접을 봤다니? 지금 생각해도 웃기는 일인데, 좌우간 그 당시 면접관들이 내게 내민 것은 당시엔 '집 짓기'라 불리던, 아주 거칠고, 커다랗고, 조악한, 요새로 말하면 레고 블록에 해당하는 나무조각들을 가져다 놓고 어떤 모양을 만들어보라고 시켰던 기억이 난다. 당연히 집 짓기를 처음 본 나는 무슨 말인지도 잘 못 알아듣고, 주문한 것을 만들지 못해서 무척 창피하고 당황스러웠다.

면접관들은 아마 저런 애는 엘리트 교육의 시초가 될 사립 초등학교엔 어울리지 않는 '머리가 별로인' 아이로 생각했을 것이다. 여기서

비트겐슈타인과 규칙 따르기

집 짓기와 시험으로 무엇을 측정했나? 이미 학교에 오기 전 유치원에 다니고, 글자를 배우고, 이에 더해서 부모가 집 짓기를 포함한 여러 장난감을 사주고, 같이 놀아준 문화에 익숙한 애들은 당연히 집 짓기를 다룰 줄 알고 주문한 형태의 모양을 만들 수 있었겠지. 우리 부모님은 당시엔 아버지가 박사학위를 가진 대학교수에 어머니는 대졸이었으니 교육수준은 최고 수준이었다. 그러나, 아버지, 어머니께는 죄송하지만, 부모님은 자식을 사립초등학교에 보내기에는 자격 미달이었다. 예뻐하시기는 했지만, 자식 뜻만 받아주셨지, 사립초등학교에서 요구하는 아무런 트레이닝을 안 시키고, 또 '투자'도 없으셨던 것이다. 흙장난, '다마 치기'(구슬 치기), '딱지 치기'나 하고 저녁이 돼서 깜깜할 때까지 산이나 헤매고 돌아다닌, 속된 말로 하면 망나니로 내버려두셨던 것이다. 그냥 욕심만으로 사립초등학교엔 들어갈 수는 없었던 것이다.

그럼에도 불구하고, 나는 다른 사립초등학교에 입학하게 되었다. 나는 어떻게 내가 그 학교에 입학이 됐는지는 아직도 잘 모른다. 아마 새로 만든 학교였기 때문에 가능했을 것이다(시험 본 기억이 없다). 어쩌다 사립초등학교에 들어가긴 했지만, 여기서 또 웃지 못할 일이 벌어진다. 낫 놓고 기역자도 모르고 입학했으니, 선생님들의 미움은 내차지였다. 사립학교랍시고 입학한 애들은 당시엔 모두 '상류층'이었다. 나와 제일 친했던 아이가 둘이 있었는데, 하나는 비행기 조종사의 아들이었고, 다른 하나는 당시 월남전 최고 사령관 바로 아래에 있는 육군장성의 아들이었다. 당연히 그들의 어머니는 학교에 자주 와서 선생님을 만났다. 지금도 기억나는 건, 조종사의 아들 어머니는 당시 최고의 멋쟁이였다는 사실이다. 초등학생이 뭘 알아서 최고 멋쟁이라고 떠드나? 그건 그 아이 어머니가 우리 어머니와 작은어머니들, 고모, 이모와는 비교도 안 되는 '패셔니스타'였기 때문이었다. 그때만 해도 우리 어머니는 주로 한복을 입고 다니셨는데, 그분은 날씬해서 예쁜 원피스 양장을 입고, 멋을 잔뜩 부리고 학교에 와서 부러워했던 기억이 있다. 내가 스팸을 처음 먹어본 것은 그 친구의 도시락에서였다. 멸치조림과 계란, 김치를 싸가지고 다니던 나와 다르게 그 친구는 샌드위치를 싸왔는데 정말 맛있었다. 식빵을 버터에 지지고 그 사이에 스팸과 딸기잼을 발라서 싸온 점심은 꿀맛이었다. 거의 60년 전인 1965년에는 볼 수도 없었던 스팸의 맛은 오묘했고, 지금도 스팸을 먹을 때 그 생각이 가끔 난다. 아버지가 비행기 기장이었으니, 외제 물건이 귀했던 때 그런 점심을 싸왔던 것이겠지. 장성이 아버지였던 또한 친구의 집에 가면, 어떻게 우리 집과 이렇게 차이가 나지 할 정도로 으리으리했다. 번쩍번쩍한 광이 나는 나무마루가 깔린 집에 들어서면 나무로 깎은 커다란 코끼리 여러 마리가 우리를 반겼고, 항상 거의 같은 옷을 입고 다녔던 나와는 다르게 그는 자주 새 옷을 입고 왔다. 어린 기억에도 노란 '고르뎅' 바지(미제 코듀로이 바지)를 입고 학교에 왔던 그 친구가 참 고급스러워 보였다. 독자들은 '신세한탄'으로

접어들었나라고 생각하겠지만, 아직 얘기를 더 전개해야 내가 하고 싶은 결론에 도달할 것이다.

우리 부모님은 나를 사립학교엔 가까스로 집어넣었지만, '슬프게도' 더 이상의 '투자'에는 관심이 없으셨다. 왜? 어머니는 몸이 편찮으셔서 당신의 일상을 유지하는 데도 힘드셨고, 아버지는 대학에서의 일 때문에 나에게 신경 쓰실 여유가 없었던 걸로 기억한다. 어떻게 아느냐고? 그때까지는 내 방이 없어서 부모님과 함께 잤으니, 부모님의 대화를 엿들어서 부모님이 관심이 어디에 있는가를 다 알아버렸던 것이다. 어머니는 편찮으셔서, 학교 준비물, 숙제 등을 돌봐줄 형편이 아니었고, 나는 집에선 망나니 짓만 하고 학교에 '그냥' 다니다 어느 날 드디어 '일이 터졌다'. 준비물을 안 가지고 갔다고 담임 선생한테 '따귀'를 맞은 것이다. 거의 60년이 지난 지금도 그 선생의 이름과 얼굴을 똑똑히 기억하는 것은 아마 그때의 충격 때문일 거다. 집에서도 맞아본 적이 없었던 나는 불이 번쩍 하는 따귀를 맞아서 그 선생이 무서웠고, 학교에 가기 싫었다. 슬픈 건 코찔찔이 어린애가 미워서 그 선생이 따귀를 올려붙인 게 아니라는 거다. 그 선생이 미웠던 것은 아마도 우리 어머니였겠지. 왜? 글도 안 가르친 채 사립학교에 보냈으면 다른 엄마들처럼 찾아와서 뭔가 '인사'를 하셨어야 했는데 우리 어머니와 아버지는 아이만 맡겨놓고 그 "다음엔 알아서 하시오" 하는 태도를 취했으니까. 이 이야기를 하는 이유는? 사립초등학교는 단지 시작일 뿐, 그 이후에 계속해서 부모들이 자식들을 '관리'하지 못하면 성공할 수 없다는 말을 하려는 것이다. 이렇게 자식을 '관리'하려면 무엇이 필요할까? 부모의 '교육수준', '시간'과 '돈', '관심'이다. 금전적으로 여유가 있어야 자식을 위해서 많은 시간을 할애할 수 있고, 집중적인 관심을 둘 수 있는 것이다. 그러나 이 네 가지를 다 충족하는 부모는 많지 않다.

즐겁지는 않지만, 내 얘기를 좀 더 해보자. 중학교 때까지 고교 입시가 있는 줄 알고, 나름 열심히 공부했는데, 그 제도가 갑자기 폐지됐다. 시험 때만 벼락치기 공부를 하던 습관을 못 버리고 그냥저냥 중학교를 마치고, 고등학교에 진학했는데, 중고등학교 내내 힘들었던 건, 과외를 같이 하자는 친구들의 요구를 뿌리치는 것이었다. 고등학교 때 옆자리에 앉은 친구가 내가 싫다고 해도 당시에 유명했던 '광화문 교실'이라는 과외 그룹에 가자고 계속 이야기했다. 이 친구가 나를 거기 데려간 이유는 간단했다. 자기 그룹에 한 학생이 그만둬서 채워야 하는데 내가 선택된 것이었다. 그 친구 생각엔 내가 교수 아들이고, 그런 금전적·시간적 관심을 부모가 가지고 있으리란 생각 때문이었겠지. 왜? 학급에서 그런 요소를 다 가지고 있다고 생각된 애들은 많지 않았기 때문이다. 광화문 초입의 다닥다닥한 한옥집들의 복잡한 골목 사이로 그를 따라서 다다른 곳은 게딱지 같은 한옥이었다. 그 집은 방이 여러 개였는데 여름이어서 그런지 방문을 다 열고, 각 방

비트겐슈타인과 규칙 따르기

마다 학생들이 상에 둘러앉아서 선풍기 앞에서 열심히 공부하고 있었다. 나는 그중 한 방에 친구와 가서 기다리고 있었는데, 이윽고 선생이 와서 가르치고, 그걸 듣다가 집에 왔다. 사실 호기심에 따라갔지만, 결국 다시는 그 '교실'에 나가지 않았다. 나는 그런 '고액' 과외를 할 형편이 되지 않는다는 걸 그 친구에게 굳이 얘기하고 싶지 않았을 뿐 아니라, 선생님이 옆에 앉아서 마치 '감시'하듯이 문제 푸는 것을 보는 그런 '과외방식'이 정말 싫었기 때문이다.

공부는 시험 때나 하는 것으로 알았던 나는 공부를 못하진 않았지만, 그렇다고 전교 1, 2등을 다투는 학생은 아니었다. 당시에 전교 1, 2등을 다투던 아이들 중엔 두 부류가 있었는데, 한 부류는 가난했지만 공부 잘하는 애, 두 번째는 사교육을 받은 애들이었다. 물론, 중·고등학교 전체를 통틀어서 가난해도 공부 잘하는 애보다는 사교육을 받아서 공부 잘 하는 애들이 훨씬 많았다. 사교육을 받는 애들은 당연히 매일 학원과 과외 선생으로부터 말 조련하듯이 '조련질'을 당했고, 그들은 학교에 와서 학교 공부는 안 하고 사교육 기관에서 나눠준 유인물을 매일 쉬는 시간에도 풀었다.

중학교 때 집이 같은 방향이어서 항상 같이 하교를 하던 친구가 있었는데, 하루는 그가 집에 오는 길에 이런 말을 했다. "아버지 월급의 80퍼센트를 내가 과외하는 데 써서 우리 집은 사는 게 힘들어." 멍청

했던 나는 그 말을 듣고도 당시엔 '왜 그런 말을 나에게 할까?' 하고 의아해했지만, 지금 생각해보니 그 말을 한 그 친구가 부모에게 스트레스를 매우 받아서 나에게 털어놓은 게 아닌가라는 생각이 든다. 부모가 그렇게까지 '투자'를 했으니 그 친구의 스트레스는 얼마나 컸을까? 거의 매일 전교 1, 2등을 하던 그 친구를 고등학교 가서는 못 봤지만, 몇 년 전 텔레비전에 나와서 반가웠는데 서울대 법대를 나와서 유명한 법조인이 되어 있었다.

고등학교를 가서는 소위 선행학습이라는 것이 눈에 띄었지만, 모든 것에 무디었던 나는 그냥 지나쳤다. 나와는 아무런 관련이 없다고 생각했기 때문이다. 전교 석차 몇 등 안에 드는 애들은 거의 예외 없이 수업시간에 선생님의 이야기를 듣지 않았다. 대신 그들은 뭔가 이상한 프린트물을 가져와서 풀고 있었다. '선행학습'을 하는 것이었다. 나는 특별히 그런 데 관심이 없었지만, 그때도 이상했던 게, 왜 저들은 수업을 듣지 않을까였다. 고등학교 시절 수학 담당 선생님이 '미적분'을 처음 가르쳤을 때 참 재미있게 잘 가르쳐서 그걸 이해하고 푸느라 집중했지만, '그들은' 이미 그걸 다 알고, 더 높은 수준의 문제를 풀고 있었던 것이다. 내 눈엔 그런 것이 다 공평하게 보이지 않았고, "제실력으로 하지 뭘 저렇게 치사하게 하나?" 하는 생각을 했다.

시험은 벼락치기 공부를 했어도 어느 정도 성적은 나왔기 때문에

비트겐슈타인과 규칙 따르기

나는 그때 한창 인기 있었던 이소룡 영화나 보고, 무술 좋아하는 친구들과 함께 도장을 다니며 흉내도 내고 했다. 부모님은 아무런 참견을 하지 않으셨고, 고등학교 2학년 때는 급기야 여학생을 사귀어서, 매주 만나서 데이트하고 들어오면, "재미있었냐?"라고 웃으며 물어보기까지 하셨다. 고 3때까지도 그 여학생과 매주 데이트하고 와도 아무런 제재를 하지 않으신 부모님이 그때는 좋았는데, 나이 먹고 나서 때로는 어쩌자고 애를 그렇게 내버려두고 '방목'을 했나 하는 생각이 들었다. 결과는? 고 2때부터 내리막길을 걷던 내 성적은 고 3에 가니 더 곤두박질했지만, 별로 놀라지 않았다. 그냥 그대로 1주일에 한 번씩 데이트를 했고, 대학 입시는 "평소 실력으로 그냥 보자"라는 태도로 일관했다. 지금 생각해도 참 이상한 마음 상태였다. 그냥 고등학교 공부는 "모두 외우는, 쓸데없는 공부이니 대학 가서 열심히 하지"라는 생각만 들었다. 결국 그렇게 방목을 하던 어머니가 고3 담임에게 '불려 가서' 진학상담 받고 오는 길에 "어쩌다가 네가 이렇게 됐냐?"라고 '약간' 화난 목소리로 말씀하셨다. 그게 다였다. 대학도 학과도 나 혼자 정했는데, 그때 서울대, 연·고대와 달리 본고사에 국, 영, 수 세 과목만 봐서 천만다행으로 생각하고 서강대 경제학과에 진학했다. 대학에 들어온 후엔 긴 방황을 하며 고통스럽고 '파란만장'한 세월을 보냈지만, 여기서는 특별히 필요한 것 같지 않아서 그만 써야 할 것 같다.

앞에서 별로 자랑스럽지 않은 자전적인 이야기를 한 이유를 독자들이 이미 간파하고 있을 것이라고 생각한다. 부모님이 사립초등학교에만 보냈지, 그 이후엔 아무런 '관리'를 하지 않은 나는, 좋은 대학에 가야 한다는 '동기부여'를 받지 못했다. 아버지는 서울대 교수이셨지만, 대학은 다 똑같으니 아무 데나 가도 된다고 말씀하셨고, 어머니는 특별한 말씀이 없으셨다. 고등학교 때 무술도장을 다니도록 놔두고, 여학생을 사귀는 걸 '권장'까지 했던 부모님은 어떤 면에서 보면, 시대를 앞서는 '깬' 부모님이었지만, 다른 시각으로 보면, 자식을 방목하고 책임지지 않는 무책임한 부모였다. "어떻게 해서든지 서울대를 가야 한다"며 같이 과외를 하자고 매일 나를 조르던 고등학교 친구나, "전 과목 과외에 들어오라고 종용하던 고급공무원 아들"은 어렸을 때부터 부모로부터 철저하게 관리 받았던 것이다. 결론은 부모의 적극적인 '개입'과 관심 없이는, 동기부여도 가능하지 않고, 학교에 대한 선망과 목표도 주어지지 않기 때문에 소위 일류 학교에 가는 경쟁에서 뒤질 수밖에 없다는 사실이다.

그럼 부모가 부자거나 '진두지휘'를 안 했어도 공부 잘하는 아이들은 어떻게 설명할 수 있을까? 위에서 잠시 언급했지만, 아주 가난했지만 일찍 철이 들어 공부를 뛰어나게 잘했던 '애어른' 같은 학교 친구는 학교에 대한 목표도 세우고, 매일 쉬는 시간에도 공부만 해서 전교 1, 2등을 다투었고, 결국 서울대학교에 갔다는 소리를 나중에 들었다. 이 가난했던 친구는 앞에서 경제학자들이 말한, 자기가 똑똑하면 기울어진 체제에서도 출세할 수 있다는 경우라고 생각하지만, 어른스럽던 그 '애어른'은 정말 드문 유형이었다. 대다수는 부모의 진두지휘 아래 맹렬히 고무 받고, 세뇌 받고, 목표를 향해서 돌진한다. 문화자본이라는 것은 따라서 어떤 '일차원적인' 수준에서 이해돼서는 안 된다. 단순히 부모가 학력이 높거나 돈이 많다고 해서 문화자본을 많이 가졌고, 또 그것이 대물림된다고 생각하면 틀린 생각이다. 다른 조건이 갖춰졌어도, 부모의 '진두지휘'가 있어야만, 소기의 목적을 달성할 수 있는 것이다. 그 진두지휘는 물론 부모 자식 간의 알력을 유발하는 경우가 많지만, 알력이 있든 말든, '진두지휘'만이 부모가 자식에게 동기부여와 목표설정을 강요할 수 있는 것이다. 학생이 부모에 이끌려서 움직일 때 비로소 부모의 문화자본이 '작동'할 수 있고, 결실을 맺는 것이다.

부르디외는 그의 책 『저항행위』(Acts of Resistance)[1] 에서 우리가 사회에서 '뛰어나다', '똑똑하다', '능력 있다'라고 평가하는 기준은 밖에서 주어진 객관적인 어떤 것이 아니고, 사회적으로 '구성'된 임의적 기준이지만, 이런 구성된 기준이 마치 '중립적'이고, '객관적'이며 '정당한

---

1   Pierre Bourdieu, 『Acts of Resistance: Against the Tyranny of the Market』, New York: New Press, 1998.

것'인 것처럼 받아들여진다고 주장한다. 부르디외에 따르면 현재 만연한 '신자유주의 이데올로기'(neoliberal ideology)는 '신다윈주의'(neo-darwinism)에 기초하고 있다. 신다윈주의는 사회의 상류층에 있는 사람들만이 가장 '똑똑하고', 능력이 뛰어나기 때문에 그 자리에 있는 것이 '당연하다'고 주장하는데, 부르디외는 이 주장의 가장 열렬한 전도사는 노벨 경제학상을 받은 게리 베커(Gary Becker)라고 비판한다. 지배계층이 유포하고, 지지하는 철학은 글로벌 시장을 지배하는 신자유주의적 사고의 기저에 깔려 있는데, 이 철학에 따르면 직업을 가진 사람만이 능력 있고, 그렇지 못한 사람들은 무능력하다.

부르디외가 소위 '국가귀족'(state nobility)이라고 부른, 글로벌 시대의 지배계층은 중세시대의 귀족들의 권력을 가지고 있으며, 이런 권력의 근원을 그들이 받고 누렸던 '교육'의 힘에서 찾고 있다. 이들 지배계층은 자신들은 '하늘에서', 즉, '유전적'으로 부여 받은 천부적으로 뛰어난 지적 능력(natural intelligence)을 가지고 있고, 그에 따라 최고의 교육을 받을 수 있었으며, 따라서 사회의 지배층에 속하게 된 것은 당연한 것이라고 주장하지만, 부르디외는 실제론 이런 지적 능력은 천부적 지능이 아니라 '사회적 지능'(social intelligence)이라 주장한다. 사회적 지능은 천부적 지능과 대비되는 의미에서 "사회로부터 유래한 것이고, 그런 의미에서 사회가 분배한 것이다"라고 주장한다. 부르디외에게 개인의 지적 능력의 차이는 유전적·생래적인 것이 아니라, 5장에서 논의한 카라벨의 지적처럼 사회적 불평등에 기인하는 것이다.

　23세에 하버드대학 경제학과의 교수가 되어 스타교수로 알려진 체티(Raj Chetty)와 그의 연구팀에 따르면 13세 이전에 아주 가난한 동네에서 덜 가난한 동네로 이사한 아이들은 대학 진학률과 소득이 늘었고, 혼자 아이를 키우는 비율이 하락했다. 반면에 나이를 좀더 먹어서, 즉 13세 이후에 좀더 나은 환경으로 이사한 아이들은 어릴 때 이사한 아이들에 비해서 부정적인 결과를 초래했는데, 이는 더 좋은 이웃과 교육환경에 '일찍 노출될수록' 아이들의 장기적 성공 확률이 더 높아진다는 것을 의미한다.[2] 또 다른 연구에서 체티 연구팀은 소득이 상위 1퍼센트 안에 드는 부모를 둔 아이들이 중간 이하의 소득을 가진 부모를 둔 아이들에 비해 발명특허를 10배 이상 낼 수 있다는 사실을 발견했다. 이들은 발명특허 건수가 인종과 성별에 따라 커다란 차이가 난다는 것도 발견했다. 즉, 백인이 흑인과 다른 소수 인종에 비해서, 그리고 남성이 여성에 비해서 특허를 월등히 많이 냈다는 사실이다. 더 놀라운 사실은 어렸을 때의 시험성적으로 측정한 아이들의 [생래적] 능력이 이런 차이를 설명할 수 '없다'는 것이다. 즉, 초등학

2　R. Chetty, N. Hendren, L.F Katz, "The Effects of Exposure to Better Neighborhoods on Children: New Evidence from the Moving to Opportunity Experiment", 『American Economic Review』 106:855-902, 2016.

교 3학년 때 수학시험에서 최고의 성적을 받은 아이들은 특허를 낸 비율이 매우 높았지만, 이 아이들 모두가 소득이 높은 부모 밑에서 자라났다. 반대로, 가난한 부모 혹은 소수 인종 가정에서 자란 아이들은 초등학교 3학년 때 수학에서 최고 성적을 받았어도 부자 부모 밑에서 자란 아이들에 비해서 어른이 되어 특허를 낼 확률이 현저히 낮았다는 것을 발견했다. 체티는 따라서 미국에서 발명가가 되고 그에 수반되는 부를 축적하려면 다음 두 가지 요건을 '모두' 충족시켜야 한다고 주장했다. 첫째는 수학과 과학을 잘하고, 둘째는 부자 부모를 두어야 한다는 것이다. 체티의 연구는 결국 주어진 '자연지능'과는 상관없이 상류층 아이들이 교육혜택을 더 많이 받고, 재능을 계발할 기회가 더 많이 주어져야 결과적으로 성공할 확률이 높다는 것을 보여줬다.[3]

경제학자인 체티는 빅데이터에 나타난 성장환경과 사회경제적 성취의 상관관계를 찾아냈지만, 5장에서 소개한 부르디외와 같은 정교한 사회학적 설명은 제공하지 못했다. 그럼에도 부르디외, 체티, 카라벨은 모두 같은 결론에 도달했다. 즉, 자연적으로 주어진 '지능', '능력'이 아니라 자라난 환경, 즉, 부모의 사회경제적 지위가 아이들의 성공을 결정하는 가장 중요한 요소라는 것이다.

---

3   Alex Bell, Raj Chetty, Xavier Jarabel, Laviana Petkova, John Van Reenen, "Who Becomes an Inventor in America? The Importance of Exposure to Innovation", 『The Quarterly Journal of Economics』 134:647-713, 2019.

더 깊은 논의를 위한 참고문헌

＊ 부르디외의 문화자본에 대한 논의는 매우 많지만 문화자본에 대한 혼동과 남용을 바
로잡은 글은 A. Lareau 와 E. Weininger의 "Cultural Capital in Educational Research:
A Critical Assessment" 『Theory and Society』 32:567-606, 2003 이다.

7

사회적 분류와 트라우마:
저항과 규칙 따르기의 변화

1 ── 분류와 사회적 낙인

'머리가 좋다', '똑똑하다'라는 것은 현재 우리가 따라가는 '규칙'에 의해서 정의되지만, 우리는 이런 규칙 따르기의 정당성을 의문시할 수 있고, 새로운 규칙 따르기의 가능성을 제기할 수 있다. 현재 우리가 머리가 좋다, 뛰어나다고 말하는 사람들은 누구일까? 당연히 조선시대 때 머리 좋고 뛰어난 사람들과는 전혀 다른 이들이다. 유학(儒學)이 최고의 학문이며, 문과적 자질이 뛰어나야만 머리 좋고 뛰어난 사람으로 대접받던 그때와 달리, 지금은 소위 '머리회전이 빠른'(quick-brained) 사람들이 사회의 지배계층을 차지하고 있다. 미국의 법대 입학에 필요한 시험인 LSAT(Law School Admission Test)를 한 번이라도 들여다본 사람은 알겠지만, 이 시험은 주어진 문제에 빨리 반응하고, 답을 낼 수 있는 사람만이 좋은 점수를 받을 수 있도록 설계되어 있다. 오래 깊이 생각하는 사람은 당연히 꼴찌 점수를 받을 수밖에 없다. 시간제한이 있는 시험에서 얼마나 빨리 문제를 풀어낼 수 있는가는 변호사들이 직면하는 '논쟁적' 상황에서 얼마나 '빨리' 상대를 타격할 수 있는가와 직결되어 있기 때문이다. 이런 규칙 따르기가 지배하는 사회에서는 '느리고 신중한 사람', '생각을 깊이 하는 사람', 새로운 기술을 받아들이는 데 느린 사람은 뒤떨어진 사람, 적응이 느린 사람으로 '분류'되는 것이다.

우리 시대에 '똑똑하다', '뛰어나다'는 것은 거의 모두 '표준화된 테스트'(standardized test)에 의해 '측정'되는데, 이런 테스트의 대부분은 수험자의 수학적·언어적 능력을 측정하는 데 국한된다. 학자가 되기 위해서 대학원에 지원하는 학생들을 테스트하는 미국 대학원 입학에 필요한 표준시험인 GRE(Graduate Record Examination)마저도 다른 테스트들과 별반 다르지 않다. 그러나 이같이 표준화된 테스트들로는 수험자가 가지고 있는 지적 호기심, 그리고 그런 탐구를 하는 데 필요한 끈기, 그리고 여러 분야의 생각을 서로 연결시킬 수 있는 지적 능력 등은 측정할 수 없다. 다시 말하면 이런 테스트들은 우리 사회에서 '뛰어나다', '머리가 좋다'라는 평가기준이 얼마나 '편협'한가를 말해준다. 누가 훌륭한 학자가 될 수 있는가를 측정하기 어려운 것은 물론, 이런 테스트로는 미래에 누가 훌륭한 운동선수, 연예인, 시인, 미술가, 음악가, 디자이너가 될지는 더더구나 측정할 수 없다. 현재 사

비트겐슈타인과 규칙 따르기

용되는 똑똑함을 측정하는 기준에 의하면, 수학 · 언어 능력 테스트에서 좋은 점수를 받았다는 것을 '증명하기 전까지' 이들 모두 머리는 '별로'인 사람들로 낙인 찍힐 수밖에 없다는 우스운 결론에 도달한다.

규칙 따르기는 우리 사회에서 어떤 사람들이 능력이 있고, 어떤 사람들은 능력이 떨어지는 사람들인가에 대한 '사회적 분류'(social classification)를 따라가는 것과 다름 아니다. 사회적 분류가 어떤 의미에서 '권력의 진원지'이며, '지배의 도구'로 작동하는가를 이해하기 위해서 하나의 예를 들어보자. 20세기 인류학에서 하나의 커다란 인식론적 전환이 있다면, 그것은 서양의 인류학자들이 연구대상으로 삼았던 다른 부족, 민족에 대한 자신들의 연구가 가졌다고 생각했던 '객관성' 혹은' 과학성'에 대한 회의였다. 70, 80년대부터 태동한 소위 포스트모던 인식론은 인류학자를 포함한 사회과학자들의 '글쓰기'가 실재를 '있는 그대로' 나타내는 투명한 것이 아니라, 글쓰기를 하는 사회과학자의 성(sex), 이데올로기, 사회적 · 정치적 · 문화적 성향 등에 의해서 커다란 영향을 받는 행위라는 것을 깨닫게 해줬다. 이 책 11장의 푸코(Michel Foucault)에 대한 논의에서 더 자세히 살펴보겠지만, 포스트모던 인식론은 인문사회과학자가 자신의 연구대상을 묘사할 때 사용하는 언어가 마치 거울과 같이 실재를 있는 그대로 묘사하고 나타낼 수 있는 '중립적' 아이콘(icon)이 아니라, 그가 사용하는 언어가 배태되어 있는 사회적 · 정치적 · 문화적 영향을 받은 언어라는 것을 역설한다. 그런 의미에서 사회과학자가 발견했다는 실재는, 있는 그대로의 실재를 나타내는 명징한, 객관적인 실재가 아니라, 이미 '오염'되어 있는 사회과학자의 언어를 통해 '구성'된 실재다. 여기서 '오염'이란 말을 잘 이해해야 하는데, 오염은 독자들의 이해를 돕기 위해 쓴 말일 뿐, 오염에 반대되는, 사회적·정치적·문화적 이데올로기에서 완전히 '자유로운', 순수한 언어가 존재한다는 뜻에서 사용한 것이 아니다. 어떤 언어도 사회적·정치적·문화적인 '진공' 상태에서는 존재할 수 없기 때문에 사회과학자들이 현상을 서술하는 객관적 언어라고 생각해온 언어도 그런 의미에서 '오염'된 것이라 할 수 있다.

80년대에 소위 포스트모던 인류학(postmodern anthropology)의 시발점이 되었던 클리포드(James Clifford)와 마커스(George Marcus)가 편집한 책, 『문화 쓰기』[1]의 중심개념인 '성찰성'(reflexivity)은 앞에서 언급한 객관적 글쓰기에 대한 '회의'가 의미하는 바가 무엇인가를 극명하게 드러낸다. 서구의 인류학자들이 현장연구(field work)를 통해서 그들이 미개하다고 생각한 부족을 관찰할 때 가정한 것은 그들의 관찰은 부족의 생활과 믿음을 객관적으로 '재현'할 수 있다는 생각이었다. 그

---

1   James Clifford and George Marcus. 『Writing Culture: Poetics and Politics of Ethnography』. University of California Press, 1986.

비트겐슈타인과 규칙 따르기

러나 '문화 쓰기'를 시발점으로 등장한 '성찰적 인류학자'들은 전통적인 인류학 연구가 제3자의 객관적 시선에서 쓴 것이 아니라, 앞에서 말한 의미의 '오염된 언어'로 서술하고 있다는 것을 깨달았다. 이는 인류학자들의 글이 어떤 과학적 특권을 가진 것이 아니라, 그들이 사용한 언어에 의해서 '구성된' 하나의 글쓰기에 불과하다는 성찰에 도달했다는 것을 말하는 것이다.

쉽게 말해보자. 인류학자들은 부족의 행위와 믿음을 설명할 때 '무엇은 ~이고', '무엇은 ~아닌 것' 등으로 분류하고 설명한다. 그러나 이런 분류는 서구의 학문적 전통에서 나온 이론적 언어에 의한 분류이다. 여기서 인류학자들이 망각한 것은 인류학자 자신들도 '부족의 입장'에서 관찰되고, 또 묘사될 수 있다는 점이었다. 부족을 '참여관찰'할 때 인류학자들은 자신들 역시 부족에게 관찰 당하고 있다는 사실을 망각했다는 것이다. 부족도 인류학자들을 관찰하고, 그들 시각에서 인류학자들이 하는 행위를 이해하려고 한다면, 그들은 당연히 '그들의 언어'로 인류학자를 묘사하고 이해할 것이다.

여기서 인류학자들의 성찰은 부족을 관찰하는 자신의 시선을 '상대화'했다는 것을 의미한다. 부족의 입장에서 볼 때 인류학자들이 자신들의 믿음과 행위를 자신들보다 더 과학적으로 잘 이해했다고 생각할까? 혹은 이해할 수 없는 언어로 자신들의 세계를 왜곡시켰다고 생각할까? 이러한 성찰은 인류학자들로 하여금 자신의 언어를 통해서 표현된 부족의 세계가 '거기 존재하는' 부족의 세계를 객관적으로 '잡아낸 것'이 아니라, 인류학의 학문적 전통에서 만들어진 이론으로 '구성'된 세계라는 것을 깨닫게 하였다. 더 나아가서 만일 인류학자들의 이론적 이해가 그들의 이론적 · 문화적 · 사회적 · 정치적 영향에서 벗어날 수 없는 언어를 사용한 '분류틀'에 기초한다면, 그러한 이해는 또 다른 언어를 사용한 새로운 분류틀에 의해서 '해체'되고, 재구성될 수 있다는 것을 의미한다.

피에르 부르디외의 콜레주 드 프랑스(Collège de France) 취임강연, '강연에 대한 강연'(Lecture on the Lecture)의 핵심도 역시 '성찰성'이다. 강연을 시작하면서 그는 강당을 가득 메운 청중을 당혹스럽게 만드는 다음과 같은 질문을 한다. "내가 무슨 자격으로 여기서의 강연을 허락받았으며, 그런 자격은 어디서 부여받은 것입니까?" 청중은 부르디외가 그간 뛰어난 학문적 업적을 이루었고, '당연히' 그런 학문적 업적이 프랑스 최고의 권위를 가진 콜레주 드 프랑스의 교수로 취임하도록 한 이유라고 생각했을 것이다. 그러나 부르디외는 몸담고 있는 학문세계에서 '왜' 자신이 뛰어난 학자로 인정받았는가를 묻고 있는 것이다. 더 쉽게 말하면, 이 질문은 부르디외를 학문적으로 '뛰어나다'고 평가한 학계의 평가기준에 대한 '성찰'을 의미한다. 그런 평가기준은 어떤 고정된, 저기서 빛나는 영원한 진리를 나타내는 기준인가? 아니면, 부르디외가 '학문 장'(intellectual field)이라 부른 학계 내의 논쟁을 통해서 계속 새롭게 만들어지는 것일까? 부르디외에 따르면 학자의 세계는 다른 전문가의 세계와 마찬가지로 극심한 경쟁의 세계이다. 이런 세계에서 경쟁에 참여하는 사람들은 각자 자신이 설정해놓은 기준만이 객관적 진리를 표방하는 반면, 경쟁자들의 주장은 그런 진리를 왜곡하는 것으로 폄하한다. 당연히 이러한 경쟁은 일종의 '투쟁'이며, 이런 투쟁의 승자가 진리를 손에 쥐게 되는 것이다.

10년 전에 내가 쓴 책, 『글로벌 지식장과 상징폭력: 한국사회과학에 대한 비판적 성찰』에 대한 대부분의 비판은 내가 학문을 '저급화'했다는 것이었다.[2] 이들 비판의 요점은 내가 학자들을 마치 게임에서 1등을 하려고 악착같이 애쓰는 저급한 사람들로 폄하했다는 것이다. 이들 비판자들에게 학문은 지하실 같은 격리된 곳에서 학자 혼자서 고독하게 진리를 추구하는 것으로 비춰진다. 이들에게 학문은 1등을 하려는 경쟁과 투쟁과 관계없이 오직 '진리'를 추구하는 '고매'한 것이다. 그런데 나를 이렇게 비판한 사람들은 사실 나만을 비판하는 것이 아니라, 로버트 머턴(Robert Merton)과 토마스 쿤, 칼 포퍼, 피에르 부르디외, 그리고 많은 지식사회학자들을 싸잡아 비판하고 있는 점이다. 슬픈 것은 이들 비판자들이 그런 사실조차도 모르고 있다는 점

---

2   김경만, 『글로벌 지식장과 상징폭력: 한국사회과학에 대한 비판적 성찰』 파주: 문학동네, 2015.

이다. 이들 비판자들은 세계 최고 권위를 가진 학자들이 그런 주장을 했다고 해서, 그런 주장의 저급함이 사라지는 것은 아니라고 반론할지도 모른다. 그런데 문제가 그렇게 간단하지 않다. 왜냐하면, 비판자들이 말하는 고매한 학문적 '진리'란 사회·정치·문화적 진공상태에서 얻어질 수 없기 때문이다. 이것이 머턴과 부르디외, 그리고 많은 지식사회학자들의 발견이다. 진리는 마치 승려가 동굴에서 면벽좌선을 하는 '고독한' 성찰을 통해서 얻어질 수 있는 것이 아니라, 수많은 학자들이 자신이 진리라고 생각하는 '진리후보'들을 가지고 나와서 자신이 옹호하는 이론의 '우위'를 증명하려는 '투쟁'으로부터 나오는 것이다. 즉, 이런 투쟁에서 승리한 사람의 이론이 '진리'가 되는 것이다. 이렇게 승리한 이론이 쿤이 말한 의미의 '패러다임'이 되는 것이고, 이 패러다임이 무엇이 진리인가를 결정하는 것이다. 포퍼의 '반증이론'(falsification theory)도 역시 마찬가지의 논리에 기반한다. 포퍼에 따르면 과학은 그 근거가 아직 확실하지 않은 진리후보들간의 갈등 혹은 부르디외의 표현대로라면 '투쟁'에 의해서 진보한다. A, B, C가 제시한 진리후보들이 서로 경쟁할 때, A, B, C는 상대방이 제시한 진리후보가 틀렸다는 것을 '반증'(falsification)을 통해서 보여주려 하고, 이런 반증과정에서 '살아남은' 가설이 당분간 진리로 선택되는 것이다. 이런 이유로 포퍼의 인식론을 진화론적 인식론이라 부르는 것이다.

부르디외가 자신의 강연에 대한 성찰을 통해서 드러내고자 한 점은 지금 자신이 프랑스 학계에서 뛰어난 학자로 인정받은 사실을 통해서 당시 프랑스 '학문 장의 구조'(structure of the intellectual field), 즉, 학문장의 규칙 따르기를 나타내려는 것이다. 즉, 누가 프랑스 학계에서 뛰어난 학자로 '분류'되고, 누구는 그보다 못한 학자로 분류되는가를 보여줌으로써, 학계의 질서, 구조, 서열을 표시하는 지적 지형(知的 地形, intellectual topography), 즉, 높낮이를 나타내려는 것이다. 이 위계의 정상을 차지한 사람들이 무엇이 진리인가를 정의하는 것이다.

　이런 지적 지형 혹은 학계의 위계구조와 이 구조에 의해서 부과된 진리는 영원할까? 레비스트로스(Claude Levi-Strauss)와 레몽 아롱(Raymond Aron) 등이 프랑스 학계를 지배하고, 세계 사회학계를 미국의 사회학자 로버트 머턴이 지배할 때, 부르디외는 그들의 영향력 아래에 있었지만, 그들의 이론을 비판하고 새로운 학문적 수월성의 기준을 학계에 제도화하기 위한 지적 투쟁을 계속해온 결과 새로운 이론적 지평을 열 수 있었고, 학문장의 구조변동을 가져온 것이다.[3] 부르디외가 젊었을 때는, 학문 장의 지배자인 레비스트로스 등이 구축한 학문 장의 구조에 의해서 자신의 위치가 분류되고 그 결과, 수사적

3　부르디외의 콜레주 드 프랑스 퇴임강연의 마지막 부분에 자신이 미국 사회학의 세계 지배를 바꾸기 위해서 어떻게 투쟁해왔는가가 잘 드러나 있다. 『Science of Science and Reflexivity』 University of Chicago Press, 2004 마지막 장을 참조할 것.

으로 말하면 '지정석'에 앉을 수밖에 없었지만, 이제 그는 그를 학문적 장의 구조에서 낮은 곳에 있는 지정석에 '앉힌' '분류의 틀'에 대항하는 대안적인 지적 지형을 그리는 데 성공했다. 그 결과 새롭게 그려진 지적 지형에서 부르디외는 누가 지정해주는 지정석에 앉지 않아도 되게 된다. 왜? 새로운 지적 지형은 자신이 학문의 장에서 그의 경쟁자들과 지적 투쟁을 해서 승리한 결과물이며, 그런 지적 지형을 그리기 위해서 사용된 '분류의 틀'에서 그는 꼭대기에 앉아 있을 수 있기 때문이다.

많이 돌아왔지만, 독자들은 이제 비로소 왜 그의 취임강연 제목이 '강연에 대한 [성찰적] 강연'인가를 이해했을 것이다. 지식인에 관한 더 복잡하고 어려운 부르디외의 논의는 다른 곳에서 하기로 하고 여기서는 왜 부르디외의 성찰적 사회학이 지금 우리의 논의, 즉, '사회적 분류와 트라우마'에 매우 흥미로운 시사점을 가지고 있는가를 생각해보자. 부르디외는 '강연에 대한 강연'에서 인류학적 분류와 동·식물학 분류와의 차이를 지적한다. 말 못하는 동식물들에 대한 분류와는 달리, 인류학적 분류에서는 분류 '당하는' 대상들, 즉, 사람들이 자신을 분류하는 사람들을 분류할 수 있다는 점이 바로 그 차이다. 위에서 언급한 인류학자와 부족의 관계를 생각해보라. 부르디외는 이 점을 말하기 위해서 매우 재미있는 예를 든다. 우화나 동화에 등장하는 개, 고양이, 여우가 자신들을 '분류'하는 인간들을 향해서 왜 당신

비트겐슈타인과 규칙 따르기

들은 우리를 형편없이 낮은 위치에 속하는 것으로 '분류'하냐고 '항변'할 수 있는 것처럼, 사회가 설정해놓은 위계질서에서 낮은 위치에 속한 것으로 분류되는 사람들은 그들을 가장 최악의 위치에 속한다고 분류해놓은 틀을 거부할 수도 있다. 부르디외는 역사적으로 볼 때, '누구는 사회에서 어떤 위치에 있고, 무엇을 해야 한다'고 규정한 '사회적 분류틀'을 둘러싼 투쟁을 이끌어온 사람들의 노력에 힘입어서 지배당하던 사람들이 지금까지 자신들을 옭아맸던 '인식의 한계', 즉, 아비튀스로부터 해방되어서, 사회를 변화시켰다고 주장한다. 사회학은 이런 투쟁에서 누가 옳고 그르다는 것을 얘기할 수는 없지만, '진리에 대한 투쟁'에 대한 '진리'는 말할 수 있다고 부르디외는 주장한다.

사회학이 '진리에 대한 투쟁'에 대한 진리를 말할 수 있다는 것은 사회에서 기존의 분류틀에 의해서 분류된 사람들이 자신들에게 지정된 '지정석'에 앉기를 거부하고, 자신을 낮은 위치의 자리에 앉힌 분류틀에 도전하고 그것을 바꾸기 위해 투쟁할 때 나타나는 현상을 사회학적으로 분석할 수 있다는 것이다. 그러나 여기서 중요한 것은 이런 지배자와 피지배자의 투쟁에서 누가 옳은가에 대해서는 사회학자가 평가할 수 없다는 것이다. 바로 예를 들면 논의가 쉬워질 것이다. 어렵게 사교육까지 시켜가며, 비싼 등록금 내고 대학에 보냈더니 교수들이 동성애자들도 똑같은 인권을 보장받아야 한다고 가르친다는 것을 일부 기독교인 부모들이 안다면 어떻게 반응할까? 아마 그들은 교수들이 미쳐서 대학에서 '평등'이란 이름 아래 동성애를 정당화하고 있다고 비판할 것이다. 대학의 교수들이나 소위 더 배웠다는 사람들이 이 부모들에게 포스트모더니즘(postmodernism)이니 퀴어 이론(queer theory)을 거론하며, 전통적으로 고정되어 있다고 생각해온 성 정체성은 사회적으로 만들어진 것이고, 다수가 성적 소수자를 괴롭혀왔다고 지적했다고 가정하자. 성 정체성은 자연적으로 고정되었고, 움직일 수 없는 것이란 본질주의(essentialism)의 이데올로기적이고, 억압적 성격을 지식인들이 '폭로'한다면, 이 사람들을 설득할 수 있을까? 가능성이 별로 없을 것이다. 여기서 진리에 관한 이들의 논쟁을 사회과학자가 분석할 수는 있어도, 누구 손에 진리가 있는 가를 '판단'할 수 있을까? 즉, 여기서 퀴어 이론을 옹호하는 사람들이 진리를 말하고 있나? 혹은 이에 반대하는 기독교를 믿는 부모들이 옳을까? 누가 진리를 손에 쥐고 있을까?

또 하나의 예를 들어보자. 미국은 예나 지금이나 인종 갈등으로 커다란 고통을 겪고 있다. 많은 이론가들이 인종문제에 천착해왔고, 이는 인문사회과학의 오래된 주제였다. 인종차별을 어떻게 없앨 수 있는가에 대한 이론적인 진단과 분석은 무성했다. 그러나 유색인종, 특히 흑인들 (아프로 아메리칸)에 대한 차별은 지금도 여전히 만연해 있다. 상식적인 수준에서 생각해볼 때, 인종에 대한 편견과 차별은 교육

비트겐슈타인과 규칙 따르기

을 많이 받을수록 없어질 것이라고 생각하지만, 사실 프린스턴, 예일 대학과 같이 미국 최고의 대학, 가장 부유한 지배계층의 자녀들이 다니는 곳에서조차 학생들간의 인종차별 문제는 없어지지 않고 있다. 미국의 명문 대학들에서 그럼 인종은 다르고, 차별해야 한다고 가르칠까? 전혀 그렇지 않다. 겉으로는 인종차별을 혐오하지만, 실제론 공공연한 방식으로 인종차별이 존재한다. 인종문제에 대한 여러 이론들이 있고, 어떤 해결책이 제시되어야 하는가에 대한 논의들이 있어 왔지만, 잘 알려져 있다시피 이 문제는 여전히 해결하기 가장 어려운 문제로 남아 있다. 우리 사회에서 장애인들에 대한 편견도 마찬가지이다. 말로는 장애인도 우리와 마찬가지의 권리와 인권을 가지고 있고, 또 그렇게 대우받아야 한다고 배우지만 현실은 그렇지 않다.

유튜브를 보면 60년대 초, 인종차별이 아직도 극심했던 시절에 흑인 가수들이 대학에 가서 백인 대학생들 앞에서 공연을 하면, 그들이 열광하는 장면들이 많이 나온다. 유명한 흑인 여가수인 티나 터너(Tina Turner)도 60년대 초에 백인들의 사교클럽인 플레이 보이 클럽에서 남편인 아이크 터너(Ike Turner)와 아이크와 티나 터너(Ike and Tina Turner)란 그룹으로 노래를 할 때 백인 남녀가 그 앞에서 즐기는 모습들이 영상으로 남아 있다. 이 영상을 보면서 나는 참 모순적이라 생각했다. 같은 차를 타고, 같은 학교에 다니는 것도 극도로 혐오하면서, 왜 그들의 음악과 공연에는 열광할까? 흑인들은 단순히 백인들의 놀이의 '도구'에 불과했던 것이라고 생각해도 큰 무리가 없을 것이다. 샘 쿡(Sam Cooke)이란 전설적인 흑인 가수도 그 유명세가 너무 커져서, 백인들의 위협적인 존재가 되어 '암살'당했다는 '설'이 있다. (진위는 확인할 수 없지만). 이론적으로, 고매한 대학에서 백인과 흑인, 동양인, 히스패니계는 다 같은 대우를 받아야 하는 인격체라고 설파되고, 또 그렇게 학교에서 배우지만, '실제로' 그런 이론적 논의는 완벽히 무시되고 있다.

앞의 예들은 모두 부르디외가 소위 '분류투쟁'(classification struggle)이라 부른 투쟁의 예인데, 이 모든 투쟁에서 행위자들은 그들이 지정받았던 '지정석'에 대한 '해석'을 둘러싸고 투쟁한다. 사회에서 누구는 '어떤 자리를 배정받아야 하고' 누구는 이런 자리에서 배제되어야 하나? 이런 투쟁이 과학에서 말하는 증거와 논리에 의해서 결론이 날까? 20세기 철학의 거장 중 하나인 리처드 로티가 철학자의 이론적 논리와 과학자의 증거보다 그가 소위 '강한 시인'(strong poet)이라 부른 문학과 예술에 종사하는 사람들의 '창의적 영감과 상상력'이 사회와 문화변동에 커다란 역할을 할 수 있다는 것을 주장할 때 나오는 단골 메뉴가 있다. 19세기 노예해방 전에 미국에서 노예는 '사람'이 아닌 거의 '동물'의 지위에 머물렀다. 노예를 해방시켜야 한다는 '이론적 논의'는 무성했지만, 실제론 효과가 없었다. 1852년에 출간된 스토(Harriet Beecher Stowe)의 소설 『톰 아저씨의 오두막』이 노예제도의 비참함을 생생하게 묘사해서 미국 전체에 커다란 반향을 일으키고, 결국 노예해방의 길을 여는 데 일조했다는 것은 잘 알려져 있는 사실이다.

　내가 감명받은 예를 하나 들어보자. 70년대를 휩쓸었던 앨 그린(Al Green)이란 유명한 흑인 가수가 있었다. 1970년대에 가장 유명했던 백인 록 밴드 중 하나인 시카고가 그들의 로키 마운틴 공연에 앨 그린을 초대해서 그린의 히트곡인 〈혼자는 더 이상 견딜 수 없어〉(Tired of being alone)의 반주를 넣으며 그의 노래를 듣는 장면은 많은 것을 생각하게 해준다. 그들의 협연은 당시만 해도 매우 심했던 흑인 차별이 과연 존재했을까라는 의구심이 들 정도로 서로가 서로를 존중하고 존경하는 흑인과 백인의 완벽한 조화를 보여준다. 시카고의 핵심 멤버인 피터 세테라(Peter Cetera)와 테리 캐스(Terry Kath) 등 당대 최고 백인 음악가들의 얼굴은 노래를 부르는 그린을 보면서 경이와 희열, 그리고 존경으로 가득 차 있었다.

　토마스 쿤을 위시한 후기 실증주의자들이 주장했듯이 합리적이며, 증거와 논리, 실험자료에 의해서 진위가 가려진다고 믿어온 과학에서조차도 과학자 집단간의 논쟁이 증거와 논리만 가지고는 해결되지 않는다는 사실은 우리 일상에서의 '분류 논쟁'이 이론적인 논리와 증거에 의해서만은 해결될 수 없다는 사실을 말해준다. 좌파와 우파가 논쟁한들 어느 편이 진리를 손에 쥐고 있는가가 드러날까? 인종차별과 동성애에 대해서 다른 견해를 가진 집단들이 상대가 틀렸다는 이론적 근거를 대며 백날 싸워봐야 누가 옳은가가 판명 나고, 어느 한쪽이 잘못했다고 인정하고 변화할까? 만일 논리나 증명이 문화와 사회를 바꾸는 데 커다란 역할을 할 수 없었다면, 문화와 사회변동은 어떻게 일어날까? 그것은 지금까지 우리가 숭배해왔던 분류의 틀을 '재묘사'하고, 그에 수반되는 규칙 따르기의 변화를 통해서일 것이다.

예를 들어보자. 필자가 열 살 때인 1968년에 개봉한 〈남자 식모〉란 영화는 구봉서라는 남자 코미디언이 전통적으로 여자가 했던 식모 역할을 하면서 겪었던 일을 주제로 한 코미디 영화였다. 거의 60년 전에 개봉한 이 영화의 감독은 같은 해에 〈남자 미용사〉라는 영화를 또 개봉했다. 둘 다 코미디 영화인데 여기서 주목해야 할 것은 두 영화의 제목이다. 왜 '남자 식모', '남자 미용사'란 제목을 붙였을까? 지금 이 두 영화의 제목을 붙인다면? 그냥 '셰프'와 '헤어 디자이너'일 것이다. 제목에서부터 하나도 웃기지 않는다. 당시에 식모는 문자 그대로 밥 하는 엄마였으니 여자였고, 미용사도 물론 여자였다. 그런 이유 때문에 '남자 식모', '남자 미용사'란 영화제목부터 매우 자극적이고 특이했던 것이다.

지금은 남자 식모와 남자 헤어디자이너의 시대라고 해도 무리가

비트겐슈타인과 규칙 따르기

없다. 예전의 사회적 분류에서 가장 낮은 위치에 속했던 '식모(食母)'가 지금은 '셰프'(chef)라는 언어로 재묘사되고 있다. 우리가 자랄 때는 남자가 부엌에 들어가면 '그것이' 떨어진다고 비웃었다. 지금은 어떤가? 말할 필요도 없다. '셰프'는 열정적으로 자신의 일에 몰두하며, 새로운 맛의 세계를 창조하는 '예술가'로 표현되며, 그런 의미에서 매우 '심미적'인 직업으로도 묘사되는 것이 현실이다. 예전의 식모들이 주방에서 음식 재료를 썻고, 다듬고, 때로는 불을 다루다 화상을 입고, 팔목을 많이 써서 건강에 문제가 생기고, 때로는 밥하는 일이 아닌 집안의 온갖 '잡일'을 하는 직업으로 취급 받았다면, 요즘의 셰프는 매우 '도전적'이며 '창조적'인 일로 비춰지고 '묘사'되고 있다. 따라서 많은 영화가 셰프를 주인공으로 설정하고, 그들의 고통과 성공, 좌절과 희열을 그리고 있다.

불과 반세기 전엔 '딴따라', '풍각쟁이'라고 천대받던 배우와 가수는? 여기서 이름을 밝힐 수 없지만, 지금은 고인이 된, 우리 나라 최고의 배우 중 하나가 인터뷰에서 이런 말을 하는 것을 본 적이 있다. "배우란 직업은 내 대에서 끝내야 한다는 생각에 자식은 결코 그 길을 가지 못하도록 해야 한다고 결심했다". 이 말과 요즘 최고의 배우가 인터뷰에서 한 말을 대조시켜보자: "연기에 대한 나의 자긍심은 이루 말할 수 없다. 연기는 그야말로 혼신의 힘을 다해서 영감을 끌어올려야만 자신이 맡은 캐릭터를 소화해야 할 수 있는 예술이다". 내가 어렸을 때인 50, 60년대에 이런 소리를 했다면 딴따라 주제에 거창한 소리 한다고 많은 사람들이 비웃었을 것이다. 요즘 최고의 가수들은 '풍각쟁이', '딴따라'란 멸시 대신에 '아이돌'이란 칭호가 따라다닌다.

식모, 미용사, 가수, 배우의 예는 그들이 50년 전에 받았던 '지정석'의 위치가 지금은 상상도 할 수 없던 방식으로 바뀌었다는 사실을 말해준다. 지난 50년 동안 우리 사회는 기존 규칙 따르기에 대한 비판과 재해석을 통해서 '사회적 분류의 틀'의 커다란 변화를 가져왔다. 이런 논의의 논리적 귀결은 어떤 직업이나 직종도 '내재적으로'(intrinsically) 열등하거나 우월한 것이 아니라는 것이다. 즉, 그런 위계는 사회적으로 형성되고, 만들어지고, 사회는 그런 위계를 숭배하도록 교육하고, 고무한다는 것이다. 다시 말하면, 우리에게 '밖에서' 주어지는 어떤 고정된, 진리라고 생각되는 '규칙'은 존재하지 않는다는 것이다. 어떤 규칙을 따르는 것이 '합리적'이고 '정상'인가는 사회구성원의 상호작용에 의해서 재구성되고, 재협상되고, 그 결과 새로운 묘사와 규칙이 등장하는 것이다. 베티 프리단(Betty Friedan)을 위시해서 여성해방운동을 주도한 사람들, 종교개혁을 주도한 마틴 루터, 그리고 아동학대의 탄생은 새로운 규칙이 어떻게 출현하고 받아들여지는가를 보여주는 좋은 예이다. 이들은 무엇이 옳고 그르고, 도덕적으로 정당화되고 안 되는가에 대한 기존의 분류, 즉, 기존의 규칙 따르기를 '거부'하고, 기존의 규칙 따르기를 재해석한 사람들이다.

비트겐슈타인과 규칙 따르기

이제 좀더 복잡하고 어렵지만, 더 흥미로운 얘기로 넘어갈 때가 되었다. 앞의 논의가 옳다면, 사회계층, 혹은 계급에 대한 재묘사도 가능하고, 그 결과 좀 더 평등한(egalitarian) 사회도 그려볼 수 있지 않을까? 누가 훌륭한 사람인지, 존경 받아야 하는지, 그리고 우리 사회의 리더인지 등을 알게 되는 것은 사회화를 통한 규칙 따르기의 '체화'를 통해서이다. 우리가 누구이며, 그리고 무엇을 숭배하는가를 알려면, 우리가 만들어냈지만, 역으로 우리를 지배하는 규칙 따르기가 어떤 것인가를 알아야 한다. 동어 반복적이지만, 그 방법밖에는 없다. 풀어서 얘기해보자. 의사가 존경받고, 훌륭한 사람이란 것은 드라마, 소설, 그리고 각종 매스컴에서 등장하는 의사의 이미지를 학습한 결과이지, 의사 그 자체의 '내적 가치' 때문이 아니다. 다시 말하면, 의사가 어떤 사람이라는 것은 사회화를 통해서 알 수 있을 뿐, 의사 자체가 가지고 있는 내적 가치(intrinsic value)에 의해서 정의되는 것이 아니라는 것이다. 사회화는 단순히 가정과 학교에서 '가르침'을 통해서만 이루어지는 것이 아니라, 여러 경로를 통해서 이루어진다. 우리가 보는 드라마나 소설, 그리고 영화의 주인공으로 의사가 자주 등장한다. 내가 어렸을 때 최고 인기였던 미국 드라마 〈도망자〉의 주인공은 리처드 킴블이란 외과의사였는데 (그 이후에 해리슨 포드 주연의 〈도망자〉란 영화로 다시 만들어졌지만) 그는 지성과 양심을 가진, 모든 사람들이 존경할 만한 사람으로 등장하는데, 아내를 죽였다는 억울한 누명을 쓰고 쫓겨 다닌다. 그가 잡힐 위기에 처할 때마다 미모의 여자들이 구해줬던 생각이 난다. 한국의 〈슬기로운 의사생활〉, 야마자키 도요코의 소설을 영화화한 일본영화 〈하얀 거탑〉, 미국 드라마 〈ER〉 모두 의사가 주인공이며 선풍적인 인기를 끌었다. 의사가 왜 선망의 대상이 되는가라는 질문의 답은 "그런 사회에서 자랐기 때문"이라는 동어반복적 대답밖에 할 수 없는 것이다.

2 ── 더블 삼류론과 사회적 트라우마

사회적 분류가 어떻게 만들어지고, '재생산'되는지를 예시하기 위해 내가 학생들을 가르치면서 경험한 두 사례를 들어보자. 90년대 초에 가르쳤던 한 학생은 내 방에 상담을 올 때마다 울면서 하소연했는데, 내용은 이랬다. 자기 아버지는 서울대학교 경제학과를 나왔는데, 서강대학교 사회학과에 재학 중인 자신에 대해서 이렇게 말한다는 것이었다. "내가 너를 혼신의 힘을 다해서 뒷바라지했는데, 일류인 서울대학교를 못 가고, 삼류 대학인 서강대학교를 간데다, 그것도 경제학과도 아니고, 삼류 학과인 사회학과를 갔냐"면서 볼 때마다 이야기를 한다는 것이다. 우는 학생을 보면서 안타까웠지만, 어쩔 수가 없었다. 이 학생이 아버지의 이 모욕을 진정으로 받아들이면서, 자신은 아버지 말대로 '열등한' 인간이라고 생각했기 때문이다.

이 학생은 서울대가 일류라는 아버지의 말에서 일류의 의미가 무엇인지를 깊이 생각해봤을까? 혹은 경제학이 어떤 학문인지, 정말 경제학이 사회학보다 우위에 있는 일류 학문인가를 '알아서' 아버지한테 저항하거나 논쟁하는 것을 포기했을까? 혹은 어렸을 때부터 정치, 경제 등 여러 분야에서 각광을 받고, 취직이 잘 되는 학과로 알려지고, 각종 매체에 경제학자들이 출연하고 글을 기고하며 인문사회과학 중에 유일하게 노벨상이 존재하는 등의 이유 때문에 경제학과가 사회학과보다 일류라고 생각하게 된 것 아닐까? 맨날 데모하고, 좌파 흉내나 내면서, 취직도 안 되고, 선동이나 일삼는 사회학보다 경제학이 우월해 보였다고 해도 별로 이상하지 않을 것이다. 그런데 이 학생, 혹은 다른 사람들이 실제로 역사와 학문적 위상에 대한 지식을 가지고 경제학과 사회학을 비교하는 것일까? 경제학과 사회학의 학문적 역사와 두 학문의 방법론 중 어느 쪽이 '과학적'인가에 대한 논쟁은 100여 년이 넘게 진행되고 있다. 그러나 우리가 아는 것은 단지 경제학과의 입학 경쟁률과 점수가 사회학과의 그것보다 높을 뿐이란 것이다.

이 학생과 아버지는 그들의 몸에 간장게장처럼 배어 있는 '사회적으로 유도'되고, '학습된' 분류의 틀에 의거해서 남을 평가하고, 또 자신도 평가받는다. 자신이 우월한 위치에 있다고 생각할 땐 즐겁겠지만, 똑같은 기준을 자신에게 적용할 때 슬픈 경우가 더 많을 것이다. 왜? 그 기준을 자신에게 적용했을 때 자신보다 우월한 사람들을 얼마든지 만날 수 있기 때문이다. 남을 열등하다고 우습게 보는 동시에,

똑같은 기준이 부메랑처럼 자신을 폄하하게 하기 때문이다. 또 한 학생의 예는 조금 다르지만, 그 내용은 같다. 왜냐하면, 이 학생의 경우도 학생이나 부모가 사회에서 '학습'해서 몸에 간장게장처럼 스며든 규칙을 다른 사람뿐 아니라 자신을 평가하는 데도 적용하고 있기 때문이다. 두 번째 학생의 아버지는 먼저 학생의 아버지보다는 '인격적'인 면에서는 좀 낫지만, 결국 똑같은 '사회적으로 학습된 분류의 틀', 즉, '아비튀스'를 적용하고 있다. 두 번째 학생은 소위 특목고 중에서도 명문학교를 나왔는데 이 학생 말에 의하면 아버지는 이름만 대면 알 정도의 유명한 대형 병원의 권위 있는 의사인데 아들이 자신의 대를 이어서 의사가 되기를 간절히 바랐고 또 권했다. 그런데 아들이 의대를 못 가고, 서강대에 와서 영문학을 공부해서 너무 실망했다는 것이다. 이 아버지는 입버릇처럼 다음과 같이 말했다고 한다. "네가 의대만 갔으면 아버지가 의학계에서 가진 모든 네트워크와 인맥, 지식 그리고 파워를 다 물려줄 수 있는데 너무 아쉽다."

앞에서 말한 '더블 삼류' 얘기의 또 다른 버전이다. 이 학생도 괴로워하면서 자신의 낮은 위치를 상승시킬 수 있는 방법에 대해서 고민하다가 유학의 길을 떠났는데 역시 이는 의대가 아닌 인문학 석사과정이었다. 이로써 자신의 열등감을 극복할 수 있었을까? 나는 이런 식으론 그런 고통에서 벗어나지 못하고 있을 것이라고 생각한다.

비트겐슈타인과 규칙 따르기

앞에서 언급한 두 학생이 아버지의 말에 상처받고 괴로워하는 이유는 이들이 '지배를 체화'하고 있기 때문이다. 앞에서 논한 '찌질이'가 지배를 내면화한 결과로 자신이 사랑하는 여자 곁에 가지 못하고 괴로워하는 것처럼, 이 두 학생도 아버지와 자신들이 공유하는 사회적 분류의 틀에 스스로를 가두고, 그 결과 아버지의 비난에 '동의'하며, 스스로를 '열등'한 사람이라고 경멸하게 되는 것이다. 이러한 열등감의 원천은 그들이 끊임없이 하고 있는 '사회와의 대화'이다. 머리말에서 잠깐 언급했듯이, 인간이 다른 동물들과 다른 점은 끊임없이 자기 자신에게 말을 걸고, 스스로와 대화하고 있기 때문이다(찌질이의 독백을 생각해보라). 그리고 이 대화는 '사회'를 상정하지 않고는 가능하지 않다. 사람은 스스로와의 '성찰적 대화'를 통해서 끊임없이 자신을 평가하고 판단한다. 두 학생은 아버지와의 대화 후에 이렇게 자신에게 말을 걸 것이다. "아버지의 저 말은 무엇을 '의미'할까?" 그는 아버지의 말은 내가 열등하다는 것을 '의미'한다는 것을 인지하고, 이어서 그런 해석 후엔 그런 비난이 '정당'한가를 판단할 것이다. 두 학생은 그 비난이 정당하다고 생각했기 때문에 상처받고, 괴로워했을 것이다. 그렇지 않다면, 즉 정당하지 않다고 생각했다면, 기분이 나빴을 망정, 상처입고, 열등감에 시달리진 않았을 것이다. 이 둘은 그런 비난이 '정당한 것'이라는 것을 받아들였기 때문에 슬프고, 상처받았다. 그렇다면 그런 비난과 모욕이 정당하다는 판단에는 어떻게 도달했을까? 그것은 당연히 아버지와 그 학생이 '공유'하는 사회적 분류의 틀에 비추어 본, '자기 검열'의 결과였을 것이다. 다시 말하면, 그런 판단의 배경은 바로 아버지와 아들이 '공유'하고 있는 '사회적으로 학습된 평가 기준'이다. 이렇게 사회적으로 학습된 평가기준이 체화된 상태를 부르디외가 아비튀스라 부른 것이다. 이런 의미에서 아비튀스는 '객관적 구조의 주관적 재현'(subjective representation of objective structure)인 것이다.

앞에서 논의한 '찌질이'와 마찬가지로 이 두 학생 역시 스스로 사회적 '지배'를 내면화하고, 받아들이고, 수용함으로써, 사회구조, 즉 규칙 따르기를 '재생산'하는 것이다. 이 두 학생의 '자아'(self), 즉, 정체성은 그들이 속한 사회의 규칙 따르기를 배경으로 행해진 '자기해석'에 의해서 정해지는 것이다. 이런 의미에서 테일러는 그의 여러 저작들을 통해서 인간을 '스스로를 해석하는 동물'(self-interpreting animal)이라고 불렀던 것이다. 상징적 상호작용이론의 선구자로 알려진 미드(George Herbert Mead)와 블루머(Herbert Blumer)와 같이 테일러도 개인의 자아는 자기해석의 산물이며, 그러한 해석은 자신이 속한 사회의 규칙 따르기에 비추어서 이루어진다는 의미에서 독백이 아니라 '대화'의 산물이라 주장한다.[4] 인간은 동물과 다르게 스스로에게 말을 걸

---

4   테일러는 그의 주요 저작들인, 『Human Agency and Language』, Harvard University Press, 1986; 『Sources of the Self: The Making of Modern Identity 』Harvard University Press, 1989, 그리고 『Language Animal: The Full Shape of the Human Linguistic Capacity』, Harvard University Press

고, 평가할 뿐 아니라, 그런 '평가'에 대한 '비판적 평가' 또한 할 수 있는 특별한 동물이다. 동물들이 스스로에게 말을 걸고, 자신을 평가할까? 머리말에서 말했듯이 늑대는 자신이 속한 집단의 평가기준에 대한 '비판적 성찰'을 할 수 없다. 그러나 동물과 다르게 위의 두 학생은 자신을 지배해온 아비튀스를 받아들이길 거부하며 더블 삼류론을 다음과 같이 비판할 수 있을 것이다.

"저는 아버지와 같은 생각을 하는 사람들이 다른 많은 사람들을 고통 속에 몰아넣고 있고, 잘못된 사회구조를 재생산하고 있다고 생각해요. 대학에 들어와서 경제학을 공부해보니까 마치 세상이 수식과 그래프로만 표시될 수 있는 것처럼 말하는데, 저는 부모와 자식의 관계, 그리고 사랑하는 사람들의 관계마저도 일종의 '경제적 교환관계'로 전락시켜버리면서도, 마치 보통 사람들은 이를 인식하고 있지 못하고 자신들만 그것을 알고 있는 듯 우쭐대는 그런 학문이 옳다고 생각하지 않아요. 자신의 이익을 극대화하고자 하는 서로의 전략을 분석하는 게임형 인간만이 '합리적'인 것처럼 가정하며, 그것이 사회과학의 전부인 것처럼 말하는 경제학은 인간의 '인간적인 측면'은 '전혀' 보지 못하는, 객관성을 가장한 가짜 학문이라고 생각해요. 물리학처럼 예측력도 없는 학문이 무슨 과학인가요? 제가 경제학의 역사

에서' 자기해석적 동물' 개념을 중심으로 언어와 사회, 그리고 의미해석의 문제를 다루고 있다.

를 공부해보니까 경제학에서 전혀 다른 패러다임을 가진 두 학파가 모두 노벨상을 수상했는데 누가 맞는 걸까요? 경제학이 과학이라면 토마스 쿤이 말한 단일한 패러다임이 있어야 하지 않을까요? 아버지는 이렇게 복잡한 얘기는 전혀 모르면서 저에게 상처를 주고 있으니까 공부를 더 많이 해보고 말씀하시면 어떨까요? 하나 더 말씀드릴까요? 서울대가 최고 대학교라고 하시지만, 서울대와는 비교도 안 되는 경제학에서 세계 최고라고 자랑하는 시카고대학이 자랑하는 석좌교수란 사람이 『프리코노믹스』(Freakonomics)란 책에서 임신중절이 미국에서 합법화되니까 20년 후부터 범죄율이 마구 떨어졌다고 주장하면서, 역시 원하지 않는 아이들을 마음대로 중절하니까, 행복하게 자란 애들이 많이 출산되고, 범죄율이 떨어졌다는, 검증할 수도 없는 '해괴망측한' 가설을 제시했어요. 역시 같은 대학의 게리 베커란 노벨경제학상을 받은 교수는 마약을 합법화하되, 중고등학생에게는 금지시키고, 마약을 하는 사람들도 조금씩만 하면 된다고 하는 '말도 안되는 논리'를 펴는 경제학이 어째서 뛰어난 학문인가요?"

한국 상황에서 부모에게 해선 안 될 무례를 범했음에도 불구하고, 공부를 많이 한 학생은 얼마든지 제기할 수 있는 비판이다. 역시 또별로 가능성이 없는 얘기지만, (왜? 모두 현재의 사회구조를 체화하고 있기 때문에) 의사 아버지를 둔 학생이 다음과 같이 아버지의 주장을 '논박'할 수 있다면 어떤 일이 벌어질까?

비트겐슈타인과 규칙 따르기

"아버지는 의사가 인술(仁術)을 행하는 고매하고 훌륭한 사람들이라고 생각하시겠지만, 저는 의사도 결국 보일러 고치는 '기술자', 옷 고치는 '기술자'처럼, 사람을 살리는 기술을 가진 '기술자'라는 생각을 해요. 하루 종일 병원에서 아픈 사람들의 하소연을 들어야 하고, 피고름을 짜야 하며 신음소리를 들어야 하고, 환자 수가 적으면 병원 운영이 적자가 날까봐 오늘 온 환자가 몇 명인지 세면서, 늘 매출이 얼마인가에 전전긍긍하는 게 다른 장사하는 사람들과 뭐가 다른가요? 제가 다니는 피부과 의사는 여드름을 짜고, 검버섯과 사마귀 타는 냄새를 맡으며 지져야 하고, 물광이니 비타민이니 하는 이상한 이름의 비싼 주사나 맞으라고 환자들에게 권하니, 그게 장사하는 사람들하고 뭐가 달라요. 성형외과 의사는 말할 필요도 없지 않을까요? 제 친구 아버지는 대장항문과 의사이신데, 그 친구 아버지 병원에 놀러 갔다가 기절하는 줄 알았어요. 그의 아버지는 생선가게 주인들이 입는 긴 비닐 옷을 무릎 아래까지 입고, 큰 장화를 신고 맞아주셨는데 고약한 냄새가 나서 아주 죽는 줄 알았어요. 그런 고약한 냄새를 평생 맡고 사는 거나 생선 비린내를 평생 맡는 거나 무슨 차이가 있는지 모르겠어요. 사람들이 몰라서 그렇지 의사는 3D업종이나 다름없다고 생각해요. 더구나 '인술'이란 이름 아래 고매한 척하지만, 때로는 자신들의 밥그릇을 지키기 위한 이기적인 행태를 보이는데 왜 다른 직업에 종사하는 사람들보다 훌륭하다고 주장하는지 이해할 수 없어요."

분명히 의사에 대한 새로운 해석이다. 그리고 이런 새로운 해석은 자신이 지금껏 받아들였던 사회적 분류에 기초한 '규칙 따르기'를 '넘어서는' 것이다. 그는 스스로에게 의사를 '재묘사'하면서, 기존의 의사란 말을 쓸 때 따랐던 사회적 규칙을 파괴하는 것이다. 조선시대의 의관의 지위에 대해서 잘 알려진 바는 없지만, 지금과 다르게 의관이 중인으로서 별로 대접받지 못하는 계층이었던 이유는 앞의 학생의 묘사와 무관하지 않을 것이란 추측을 해본다. 이제 의사는 우리가 모두 존경하는, 선망의 대상이 아니라 냄새 나고, 더럽고, 자신의 이익만 추구하는, 그냥 그런, 사회의 다른 직업들과 별로 크게 차이 나지 않는 직업으로 묘사될 뿐이다. 어느 '묘사'가 더 의사의 '본질'에 가까울까? 어느 쪽이 진리일까? 판단은 독자들의 몫이지만, 하나 확실한 건, 대부분의 사람들에게 각인된 의사의 이미지와 역할은 사회를 통해서 학습된 것이지, 하늘에서 떨어진 '고정된' 어떤 것이 아니라는 것이다.

나의 직업인 대학교수는 왜 빼놓고 얘기하냐는 항변도 있을 수 있다. 우리나라에서 특히 좋은 이미지를 가지는 교수에 대해서도 역시 다른 묘사를 할 수 있을 것이다.

"모두가 그렇지는 않겠지만 많은 교수들이 자신이 대학교수임을 내세워서 하라는 연구와 강의 준비와 학생 지도는 열심히 안 하고, 신

비트겐슈타인과 규칙 따르기

문, TV 등 여러 매체에 출연해서 상식 이상이 아닌 뻔한 소리나 하고, 특정한 이데올로기를 옹호하는 정치적 발언이나 하며, 정치인들, 연예인들과 어울려 다니면서 금전적 이득을 취하고 있는 것이 한국의 현실이다. 또 서양의 대학에 유학해서 취득한 학위를 이용해서 국내 대학의 교수가 되고 난 후에는 서구의 사상은 한국에 아무런 적용 가능성이 없다고 주장하는 자기 기만적인 행태를 보이는 사람들이 대학교수들이다. 또 한편으로는 민주화를 외쳐대면서도, 다른 한편으로는 학생들 위에 '군림'하고, 권위적이며, 때론 학생들에게 막말이나 하고, 강의 시간에 들어오면 학생들 보고 조별발표나 하라고 하고 자기는 쉬고 있는 기득권층이다".

그러나 어떤 사람들은 바로 다음과 같은 반론을 제기할 것이다. 어떻게 의사를 다른 직업과 같을 수 있다고 보는가? 우선 의사가 사회에서 하는 기능의 '중요성'을 생각해보라. 의사가 무슨 그냥 기술자인가? 옷 고치는 것이나 보일러는 당장 안 고쳐도 안 죽지만, 위급한 병은 당장 치료해야 하고, 그래서 사람들은 의사가 사회에서 다른 직종보다 훨씬 더 중요한 '기능'을 하고 있다고 생각하는 거고, 그런 중요한 기능을 담당해야 하니까 남들보다 머리도 더 뛰어나고, 인내력도 있는 사람들만 의사를 할 수 있는 것 아닌가? 2023년 수능 만점자 3명이 모두 서울대 의대에 진학한 것만 봐도 의대가 얼마나 중요한가를 알 수 있지 않은가. 만일 이렇게 되기 어려운 의사에게 다른 직종과 같은 보상을 하면, 누가 그 힘들고 어려운 의사의 길을 가려 할까? 지금 우리나라에서 광풍이 몰아치고 있는 '의사 되기'가 어려운 것은 다 이렇게 이유가 있기 때문이다.

논쟁이 다 끝난 것 같지만, 전혀 그렇지 않다. 여기 파일럿이 있다고 하자. 의사들이 자신들만이 사회에서 가장 중요한 기능을 한다고 주장하니 우리도 우리가 '얼마나 중요한지' 본때를 보여줍시다 했다 치자. 그 결과 파일럿 협회가 의사들을 중요한 학회나 위급한 치료를 할 때뿐 아니라, 개인적으로 정말 중요한 일이 있어서 여행을 해야 할 때 절대 탑승을 거부하겠다고 하면? 파일럿은 사회에서 중요한 직업이 아닐까? 혹은 병원의 폐기물을 처리하던 업체가 파업을 하면서, 수술 후 나온 엄청난 의료 폐기물을 산더미처럼 쌓아둔다면? 의사들이 이 폐기물을 치워가면서 진료할 수 있을까? 이들은 중요한 '기능'을 하지 않는 하찮은 계층인가? 상상력을 더 발휘해서 의사파업에 화가 난 지하철 노조가 의사들은 태워주지 않겠다고 선언한다면? 또 셰프들이 자신들도 중요한 기능을 하는 것을 보여주고자, 의사들이 즐겨 찾던 고급 레스토랑에서 의사에게는 '음식'을 제공할 수 없다고 한다면? [실제로 이 글을 쓰고 나서 미슐랭에 올라간 식당 셰프가 파업한 의사들은 식당 출입을 불허한다는 선언을 했다]. 무엇이 사회에서 중요한 기능인가? 이것은 '가변적'인 것일뿐, 하늘에서 떨어진 것이 아니다.

비트겐슈타인과 규칙 따르기

3 ── 새로운 묘사와 사회변동

그렇다면, 어떤 방법을 통해서 기존의 분류와 그런 분류에 기반한 규칙 따르기로서의 사회구조를 변화시킬 수 있을까? 또 그런 변화를 통해서 상처받은 사람들을 치유할 수 있을까? 그리고 더 나아가서 좀더 평등하며, 서로가 상처주지 않는 사회가 될 수 있을까? 그것은 의사만큼 인기 있고, 선망의 대상이 되는 변호사, 검사, 판사 등에 대한 위와 같은 '새로운 묘사'와 그런 묘사를 실행에 옮기는 '행위'(performance)를 통해서 가능할 것이다. 위에서 논의한 것같이 지금까지 선망하는 집단을 재 묘사해서 이들을 '덜 매력적인' 집단으로 만듦으로써 좀 더 평등한 사회를 만들 수도 있겠지만, 반대로 지금까지 별 볼일 없던 직업을 '별 볼일' 있는 직업으로 만들어도, 수위를 조절할 수 있다. 이러한 재묘사와 새로운 분류는 물론 어느 누가 정책을 통해서 단기간에 이뤄낸 것이 아니고, 사회 구성원들이 상호작용을 통해서 이전의 분류에 대한 새로운 의미를 창출하려는 노력에 의해서만 가능하다고 얘기할 수 있다. 이러한 새로운 묘사와 재분류는, 리처드 로티의 말을 빌면, 어떤 '예언적인 희망'을 설파하고, 이런 예언적 희망을 하나의 스토리로 만들어낼 수 있는 사람들에 의해서 촉발될 수 있다.

물론, 어떤 독자들은 나의 이야기를 극히 이상적이고, 실현 가능성 없다고 말할 것이다. 아무리 계급, 계층에 본질이 없고, 모든 계층이

평등하다고 부르짖어도 그건 그냥 이론 속에서나 가능한 것이지 않을까? 여전히 변호사, 의사, 판사, 검사 등 전통적으로 우리 사회에서 대접받는 높은 계층의 사람들이 존재하고, 사람들은 그것을 '사실'로 받아들이며, 그 결과 지배받고, 괴로워하고, 고통받고 있지 않은가? 옳은 얘기다. 그렇다면 나는 한편으로는 사회적 지위도 계급도 사회적으로 만들어졌다고 주장하면서, 다른 한편으론 이런 사회구조와 계층이 '움직일 수 없는 실재'로 다가오고, 그 결과 사람들을 고통과 열등감 속으로 몰아넣는다고 말하고 있으니 내 주장은 자가당착 아닐까?

그러나 역사는 완벽한 콘크리트같이 '실재한다'고 믿었던 계층의 위계질서가 흔들리고, 쓰러질 수도 있다는 것을 보여준다. 다만 이런 변화의 가능성은 현재의 분류가 마치 '움직일 수 없는' 실재라고 '교육'받고 그에 대해 성찰해보지 않은 사람에겐 보이지 않을 뿐이다. 두 가지 예를 들어보자. 첫째는 19세기 영국과 미국에서 대 논쟁이 있었던 '골상학'(骨相學, Phrenology) 논쟁이고, 둘째는 조선 말에 일어났던 형평사(衡平社) 운동이다. 골상학이란 독일의 의사들인 갈(Franz Gall)과 스프루차임(Johann Spurzheim)이 주창한 학문으로서, 해부를 하지 않고 단순히 두개골의 형태만을 관찰함으로써 인간이 가진 36~38가지의 다른 성격과 재능을 진단할 수 있다고 주장했다. 그런 의미에서 골상학을 능력심리학(faculty psychology)이라고도 불렀다. 예를 들면, 1~38번의 다른 영역으로 분류한 두개골에서 35번 영역이 돌출되었으면, 이는 음악을 관장하는 뇌의 부분이 발달되어 있다는 증거이므로, 음악에 재능을 가지고 있는 것으로 판명하고, 반대로 여기가 움푹 패였으면 음치라고 진단한다. 흥미로운 것은 골상학이 당시 지배계층인 귀족과의 갈등을 겪고 있던 신흥 부르주아 계층의 이데올로기적 무기로 사용되었다는 것이다. 당시의 지배계층은 골상학자들의 주장과 다르게 뇌가 그렇게 많은 영역으로 분화되어 있지 않다고 믿었다. 그도 그럴 것이 당시 세계 최고의 의학을 자랑하던 에딘버러 의대의 해부실에서 뇌를 해부해도 그냥 허옇고 누런 피질이 보일 뿐 뭐 특별히 다른 세분화된 조직이 관찰되지 않았기 때문이다. 지배계층인 귀족들은 이렇게 미분화된 뇌의 상태가 당시 귀족집단의 지배를 정당화해주던 이데올로기, 즉 '머리와 손'이라는 비유와 상응하는 것이라고 생각했다. 즉, 귀족들이 사회와 정치, 문화를 선도하는 '머리' 집단에 해당하고, 나머지 계층은 생산을 담당하는 '노동', 즉 머리가 아닌 육체노동을 담당하는 하층집단에 속한다는 이분법적 이데올로기는 뇌가 담당하는 기능에 따라 복잡하게 분화되었다는 골상학이론과 배치되었다.

우리 뇌가 여러 재능에 따라 분화되었다는 골상학 이론은 귀족에 대항하던 신흥 부르주아에게 크게 어필했다. 왜냐하면 골상학의 주장처럼 사람들의 뇌가 분화되었고 개인마다 다양한 재능을 가진 것이 사실이라면, 모든 사람들이 자신들에게 주어진 특별한 재능을 자유롭게 계발할 수 있어야 하는데, 지배계층인 귀족이 그런 다양한 재능을 발휘할 수 있는 모든 길을 차단하고 있었기 때문이다. 다양한 재능을 머리와 손에서 손에 해당하는 계층이라 해서 계발하지 못하도록 억압하고 핍박하는 것은 새로 부상하던 부르주아 계층의 입장에서 보면 억압적 이데올로기였을 뿐이었다. 골상학을 옹호하는 부르주아들과 머리와 손의 구분이 뇌의 미분화된 상태와 일치한다고 생각했던 에딘버러 의학자들과의 논쟁은 격렬했지만 기존의 귀족중심의 사회적 분류는 결국 시민사회와 부르주아 계층의 '새로운 분류'로 대체되게 되었다.

두 번째 예는 구한말 조선에서 일어났던 백정들의 해방운동, 즉 이른바 형평사 운동이다. 이 운동은 문자 그대로 사람 이하의 취급을 받던 백정들이 그들 자식들의 교육권을 보장받아야 한다고 주장하면서, 당시의 계급차별에 대한 저항운동을 일컫는다. 두 사회운동 모두 기존의 사회구조에 대한 새로운 해석을 통해서 새로운 규칙 따르기를 정립하려는 시도였다. 그리고 그 시도는 세월이 지나면서 성공해서, 지금 우리는 백정도 양반도 귀족도 없는 사회에 살고 있다. 부패한 교회와 교황을 비판하면서, 새로운 미래가 올 것이라고 역설한 마틴 루터나, 조선말 양반의 끝없는 착취와 탄압에 반기를 들고 일어난 홍경래, 그리고 센코쿠 시대(전국시대) 이후 260년을 지속해온 천황과 쇼군, 다이묘, 그리고 사무라이가 지배하는 봉건질서를 비판한 하층민 출신의 사카모토 료마(板本龍馬) 모두 당시엔 상상도 할 수 없었던 평등한 사회에 대한 '예언적 희망'을 역설한 인물들이었다. 결국 그들이 예언했던 신세계는 도래했다.

더 깊은 논의를 위한 참고문헌

✳ 이 장의 논의에 중심인 '자기 해석을 하는 동물'에 대한 논의는 허버트 블루머(Herbert Blumer)라는 버클리의 사회학자가 찰스 테일러보다 한 발 앞서서 발전시켰다고 해도 과언이 아니다. 블루머는 실용주의 철학자 조지 허버트 미드의 영향을 받은 상징적 상호작용이론의 주창자 중 하나로 1960년대부터 학계를 지배하기 시작한 실증주의와 행태주의(behaviorism)를 비판하면서 인간의 행위를 설명하기 위해서는 인간이 상호작용을 통해서 만들어내는 '의미'의 세계를 이해해야 한다고 주장했다. 블루머의 대표작, 『Symbolic Interactionism』(Berkeley, University of California Press, 1969)은 인간의 의미창출에 대한 탁월한 사회학적 관점을 담고 있다.

8

측정광(測定狂)의 시대:

빅데이터 사회과학과 실증주의

1 ——— 우산학과 식사학: 실증주의와 상상력의 죽음

7장에서 논의한 사회적 상처와 그의 치유는 기존의 규칙 따르기에 대한 저항과 그 성공 여부에 달려 있다. 하지만 많은 독자들은 과연 현대사회에서 그러한 규칙 파괴와 재구성이 가능할까라는 의심을 할 것이다. 왜냐하면 우리의 일상은 아무런 변화의 가능성을 내포하지 않은 채 그냥 매일 같은 방식으로 반복되는 듯하고 그런 의미에서 사람들은 '무력감'을 느끼기 때문이다. 다음의 논의는 현대 사회과학을 지배하는 실증주의가 기존의 규칙 따르기를 넘어서는 새로운 규칙 따르기의 등장에 요구되는 '상상력'을 사전에 닫아버리고 말살시키고 있음을 보여줄 것이다.

요즘의 화두는 어딜 가나 인공지능, 빅데이터, 그리고 좀 테크니컬한 단어지만, 소위 '계산사회과학'(computational social science)이다. 그러나 이런 '과학을 표방'한 연구들이 실제로는 과학과는 동떨어진 것이라는 것을 아는 사람들은 많지 않다. 하버마스, 테일러, 로티, 포퍼, 바우만 등 수많은 세계적인 지성들의 비판에도 불구하고 '실증주의'(positivism)가 사회과학에서 지배적인 패러다임이 된 지 오래이고 학생들은 그런 교육에 노출되어서 기존의 실증주의를 답습하고 있다. 사회과학과 철학에서 실증주의 논쟁은 정말 오래된 것이며 이 책에서 간단히 다루어질 수 있는 것은 아니어서, 나는 여기서 흥미로운 예를 들어서 계산사회과학과 실증주의가 가진 문제가 무엇인가를 얘기하고자 한다.

　1941년에 《필로소피 오브 사이언스(Philosophy of Science)》란 저명한 학술지에 오하이오 대학의 철학과 교수 존 소머빌(John Somerville)이 실은 논문은 "우산학 혹은 사회과학 방법론"이라는 매우 특이하면서도 도발적인 제목을 달고 있었다.[1] 제목 그대로 이 글은 '우산학'이란 새로운 사회과학이 '과학'의 반열에 오를 수 있는가를 논한 글이었다. 소머빌은 '우산학'(Umbrellaology)이란 과학을 창시하고, 우산학이

---

[1]　John Somerville, "Umbrellaology or Methodology in Social Science" 『Philosophy of Science』8:557-566, 1941.

과학이라고 주장한 가상적인 학자의 주장을 살펴보면서 논문을 시작한다. 우산학의 창시자는 뉴욕의 집들을 방문해서 사람들의 성별과 우산 색깔, 그리고 소득과 우산의 수에 대한 통계적 연구를 수행해서 커다란 자료세트(data set), 즉 지금의 빅데이터를 얻어냈다. 그리고 이런 경험적 자료에 입각해서 다음과 같은 '과학적 법칙'을 정립하였다. 1) 소득이 증가할수록 소유하고 있는 우산의 개수가 증가한다. 2) 성별에 따라 소유하고 있는 우산의 '색깔'이 다르다. 그가 발견한 좀 더 구체적인 법칙은 3)남성과 다르게 여성은 알록달록한 색깔의 우산을 선호한다는 것이었다. 우산학 창시자는 이런 법칙 외에도 우산에 관한 여러 법칙을 정립했다고 주장하면서, 우산학도 당당한 과학으로 인정받아야 한다고 주장했다. 이런 법칙들은 과학적 법칙이 가져야 할 '예측력'도 가지고 있음으로 여타의 과학에 손색이 없는 훌륭한 과학으로 인정받아야 한다는 것이 우산학 창시자의 주장이다. '소득이 증가할수록 우산의 개수가 얼마나 늘어날까'를 예측할 수 있다는 것이 과학으로서 우산학이 가진 예측력의 일례이다.

미국의 많은 과학철학 과목이나 과학교육 클래스에서는 우산학이 과연 과학의 반열에 오를 수 있는가에 대해서 학생들이 에세이를 써오도록 한다. 독자들은 어떻게 생각할까? 우연히 웹 서핑 중에 보게 된 미국 어느 대학의 자연과학 개론시간. 교수가 우산학 예를 들면서 그것은 '사회과학'에나 적용되는 것이지, 화학, 물리학 같은 엄격한 자연과학에선 우산학은 과학으로 인정되지 않는다는 말을 했다. 만일 이 과학자에게 요즘 각광받고 있는 실증주의에 기반한 빅데이터 사회과학(Big data social science)이나 혹은 '계산사회과학'에 대해서 물어본다면, 그는 아마 분명히 계산사회과학도 우산학과 마찬가지로 자연과학과 같은 지위를 가질 수 없다고 단언할 것이다.

계산사회과학을 하는 실증주의 사회과학자들은 위의 과학자의 모욕적인 말에 다음과 같이 항변할 수 있을 것이다. "우리가 하는 사회과학을 우산학과 같이 '우스꽝스러운', 학문도 아닌 학문에 비교하는 것은 어불성설이고, 따라서 이 과학자의 주장은 터무니없다". 그러나 그 과학자는 이런 주장에 코웃음 치면서 다음과 같이 논박할 것이다. "요즘 주류 사회과학에서 각광을 받고 있는 빅데이터 사회과학이나 혹은 '계산사회과학'이 우산학과 다를 게 없고, 그런 의미에서, 이들은 과학으로서는 실격이다. 왜냐하면, 우산학과 계산사회과학 모두 그것이 제시하는 법칙, 즉, 변수간의 상관관계에 대한 '설명'을 제시하지 못하기 때문이다".

그러나 우산학이 과학이라고 주장하는 사람은 단순한 '통계적 상관관계'를 넘어서, 왜 이런 경험적 법칙이 성립하는가에 관한 '설명'도 우산학이 제시하고 있다고 반론을 펼 것이다. 즉, "소득이 높은 계층일수록 저소득 계층보다 많은 수의 우산을 소유하고 있다"라는 법

비트겐슈타인과 규칙 따르기

칙에 관한 설명은 다음과 같다. 소득이 높을수록 여유가 많으니까, 집에 우산을 두고 왔어도 필요할 때마다 우산을 사고, 혹은 맘에 드는 우산이 있으면 주저 않고 살 수 있다. 여성이 더 알록달록한 우산을 많이 산 이유를 설명하라고 한다면, "여성은 예쁜 것을 좋아하니까, 남성처럼 검은색 같은 단색보다는 알록달록한 우산을 더 많이 사는 것이다"라는 설명을 할 수 있다고 말할 것이다. 위에서 언급한 자연과학자의 반론은 자명할 것이다. 즉, "그런 설명들도 과학적이라면, 우리의 일상적 지식도 모두 과학지식의 반열에 올라야 한다". 그는 또 덧붙일 것이다. 우산학이 제시하는 설명은 우리의 '지적 호기심'을 충족시켜주지 않을 뿐더러 아무런 새로운 '이론적 통찰'(insight)도 제공하지 못한다. 우산학이 제공한 설명은 과학적 흥미와 새로운 사실을 더한 것이 없는, 연구를 안 해도 아는 '상식'일 뿐이다. 그래서 법칙과 설명을 제공했다고 주장함에도 불구하고 과학으로서의 자격이 없는 것이다.

이 과학자는 또 다음과 같은 마지막 치명타를 날릴 것이다. 우산학을 과학이라고 주장하는 사람들에게는 내가 지금부터 '식사학'(食事學, Eatology)이라고 명명할 학문도 과학이 될 것이다. 즉 '배고플 때 밥 먹는다'라는 명제도 경험적으로 확증할 수 있는 과학적 법칙이기 때문이다. '식사학'에서 제시할 만한, 우습지만 또 다른 좀 더 정교한 법칙은 '소득이 높은 사람들은 그렇지 못한 사람들보다 한끼에 지불하는 평균 식사비가 많을 것이다'라는 법칙일 것이다. 또 다른 법칙은 "소득이 높을수록 식사 때 먹는 음식의 종류가 다양하다"라는 법칙일 것이다. 또 남성들이 선호하는 음식과 여성이 선호하는 음식에 대한 경험적 일반화를 '법칙'이라고 주장할 수 있을 것이다. 그러나 역시 '식사학'도 '우산학'처럼 학문의 영역, 특히 과학의 영역엔 편입될 수 없다. 왜? '식사학'이 지식이라고 우기는 '과학지식'이란 것은 우리의 상식을 넘어서는 이론적 통찰을 제공하지 못하고 있기 때문이다.

그래도 성에 안 찬 이 과학자는 스넬-데카르트의 굴절의 법칙(Snell -Descartes' law of refraction) 같은 과학법칙을 예로 들면서 다음과 같이 말할 것이다. "이 자연과학의 법칙은 매질(媒質)들마다 빛을 굴절시키는 정도가 다르다는 이론적 통찰, 즉, 매질의 굴절률(refractive indexes)이라는 이론적 개념으로써 젓가락 같은 물체가 물에 담겼을 때 휘어져 보이는 현상을 설명하는데, 이 설명은 식사학, 우산학과 다르게 우리의 상식을 넘어서서 '보이지 않는' 이론적 개념을 통해서 상식으로는 설명할 수 없었던 현상을 설명하고 있다"고 주장할 것이다.

이제 '굴절률'이라는 눈에 보이지 않는 이론적 개념으로 휘어짐이라는 현상을 설명한 자연과학의 법칙과 다르게, '눈에 보이는 것', 즉, 자료 간의 상관관계에만 천착하는 우산학이나 식사학이 왜 과학의 반열엔 오를 수 없는가가 명확해졌을 것이다. 이 지점에서 많은 사회

비트겐슈타인과 규칙 따르기

과학 전공 학생들은 묘하면서도 기분 나쁜 생각에 사로잡힐 것이다. 우리가 요즘 학교에서 배우는 대부분의 사회과학이 '우산학'과 '식사학'의 일종이 아닐까 하는 것이 바로 그런 기분 나쁜 의심일 것이다. 그런데 왜 교수님들은 마치 그런 사회과학이 자연과학과 필적할 만한 과학지식을 전해주고 있다는 듯이 강의를 할까? 요즘 사회과학의 '대세'라고 말할 수 있는 빅데이터 분석과 그에 기반한 '계산사회과학'이 '과학'이란 이름 아래 해온 연구를 보면, 왜 사회과학 전공 학생들이 그런 '이상한 느낌'을 가지게 되는가에 대한 명쾌한 답이 나올 것이다.

빅데이터 사회과학 혹은 계산사회과학에서 자주 인용되는 연구부터 논의를 시작해보자. 같은 성(性)을 가진 부부, 즉 동성 부부가 기른 아이들과 서로 다른 성을 가진 일반 부부 밑에서 자란 아이들을 비교한 학자들은 동성 부부가 키운 아이들과 보통 가정에서 자란 아이들의 '성적 취향'이 차이가 없다는 결론에 도달했다. '성적 취향'을 어떻게 '측정'할 수 있는가라는 복잡하고 어려운 인식론적 문제는 그냥 넘어간다 치더라도, 빅데이터 분석은 '왜' 이런 결과가 나왔는가에 대해선 아무 말을 할 수 없거나 혹은 설명을 제공해도, 우산학과 식사학과 같이 우리의 상식을 넘어서지 못하는 설명만 제공한다는 데 문제가 있다. 이 연구는 '왜' 이런 결과가 나왔는가에 대한 '설명'은 제시하지 않고, 혹은 더 정확하게 말하면 못하고 있다. 그냥 다른 두 유형의 부부가 키워낸 아이들의 성적 취향이 '통계적'으로 볼 때 유의미한 차이를 보이지 않는다는 것이다. 물론 이런 연구가 가치가 전혀 없다고는 할 수 없다. 여기서도 '통계적으로 유의미한 차이가 없다는' 주장도 논쟁의 대상이 되겠지만, 사실이라고 인정하자. 그러나 만일 이 연구의 가치가 우리의 상식, 즉, '동성 부부가 기른 아이는 보통 부부가 키운 아이들과는 성적 취향이 다를 것이다'라는 상식에 '반'하는 예상치 못한 결과에 있다면, 우리는 '왜' 그런 상식과는 배치되는 결과가 나왔는가라는 질문에 대답해야 한다. 그리고 그런 질문을 충족시킬 만한 과학적 설명을 제시해야 한다. 그러나 그에 대한 답은 없기 때문에 이 연구는 '반쪽짜리' 연구가 돼버린 것이다.

또 하나의 예를 들어보자. 한 기업의 구성원들간에 주고받은 이메일 빅데이터를 분석한 결과, 이들의 이메일 의사소통에서 기업의 규범과 문화에 잘 적응한 직원들이 그렇지 않은 직원들보다 더 많은 보상을 받고, 낮은 해고율을 보인다는 연구가 있다. 이 연구는 그야말로 '동어 반복'적인 결론을 말해준다. 쉽게 말하면 한 기업에서 성공적인 사람들은 그 기업의 문화에 잘 적응하고, 그 곳이 원하는 목표를 잘 달성한 멤버들이란 얘기다. 심하게 말하면 하나마나 한 연구다.

이제 또 하나의 빅데이터 연구를 논하면서, 빅데이터 사회과학이 자연과학과 같은 '과학'이 될 수 없음을 논해보자. 한 빅데이터 사회

비트겐슈타인과 규칙 따르기

학 연구는 지난 50년간 사회과학 연구에서 단독 저자의 글보다 팀 연구를 통한 작업이 두 배 이상으로 늘어났다는 것을 보여준다. 또 다른 연구는 '작은 연구그룹'이 새롭고 도발적인 연구를 생산해내는 반면, 큰 연구그룹은 기존의 연구를 그냥 좀더 발전시킬 뿐이라는 결과를 '발견'했다고 주장한다.[2] 두 연구 모두 그냥 '추세'를 측정한 연구일 뿐, 왜 사회과학에서도 자연과학에서처럼 팀 연구가 점점 더 많아질까라는 질문엔 답하지 못하고 있다. 왜 작은 연구팀이 새로운, 혁신적인 연구를 할 수 있는 반면, 큰 연구팀은 그렇지 못했을까? "그냥 그렇더라"가 답이라면, 사회과학은 우산학, 식사학과 같은 '실태조사'에 지나지 않는 재미없는 학문으로 전락할 것이다. 그러나 이런 실태조사가 뭔가 '이론적 탄력'을 받고, 흥미로운 '설명적 과학'이 되려면, 위에서 언급한 사회과학적 상상력을 동원해야 하고, 그 결과 이런 질문도 가능할 것이다. (1)지난 50년간 사회과학연구가 커다란 '연구팀'으로 전환되고 있다는 발견과 (2)작은 연구팀이 큰 팀에 비해 혁신적 연구를 할 수 있다는 발견 사이에는 어떤 연관이 있지 않을까? 이두 현상 사이엔 아무런 관련이 없을까? 있다면 어떤 관계이고, 그것은 무엇을 의미하는가? 혹시 개인의 연구에서 팀 연구로 되어가면서, 발견 (2)에서처럼 사회과학은 혁신적 성향을 잃고 있는 것이 아닐까?

---

[2] 계산사회과학의 다양한 연구 결과를 정리한 글로는 Achim Edelmann, Tom Wolff, Danielle Montagne, and Christopher A. Bail, "Computational Social Science and Sociology", 『Annual Review of Sociology』 2020, 46(1): 61-81을 참조할 것.

왜 연구팀이 커지면 혁신적 연구가 나오기 어려울까? 혁신적이란 또 무엇을 의미하는가? 계속 패턴만을 '찾아냈다고 주장하는' 빅데이터 연구는 아무런 대답이 없다.

위의 단순한 '실태연구'들을 '이론적'으로 연결시킬 수는 없을까? 흥미로운 이론적 가설 중 하나는 다음과 같은 것이 될 수 있다. 여러 저자들이 팀을 이뤄서 하는 빅데이터 연구 이전의 사회과학연구는 거의 대부분이 단독연구였다. 사회과학을 이끌어가던 중요 인물들은 대부분 혼자 글을 썼고, 더 중요한 사실은 이런 학자들은 어떤 '학문적 전통' '안'에서 내려온 이론적·경험적 연구에 도전하면서, 때로는 그것을 비판하고, 때로는 보완하면서 자신의 창의적 주장을 발전시켰다. 예를 들면 존 롤스는 기존의 '공리주의'(utilitarianism) 전통을 비판하면서 자신의 '정의론'을 발전시켰고, 파슨즈는 베버와 뒤르켐의 이론을 재조합하고 재해석함으로써 자신의 이론체계를 발전시켜나갔다. 기든스는 민속방법론, 구조기능주의, 비트겐슈타인의 철학을 결합한 구조화 이론, 그리고 부르디외는 비트겐슈타인과 메를로퐁티의 현상학, 구조주의의 결합과 재조합을 통해서 자신의 '실천이론'(theory of practice)을 완성시켰다. 이들의 공통점은 사회과학을 진일보시킨 새로운 이론적, 경험적 연구를 일구어냈다는 데 있지만, 더 중요한 공통점은 이들이 모두 일정한 '지적 전통' 안에서 계승되어온 문제의식을 가지고 씨름을 했고, 그 결과 그런 전통을 수정·발전시켰

비트겐슈타인과 규칙 따르기

다는 점이다.

 이런 학자들의 '창의적인 단독' 연구를 요즘의 '몰이론적'이며 단순한 '실태연구'들과 대조해보자. 물론 이런 실태조사 연구들도 통계나 확률론의 지적 전통 안에 있다고 주장할 수 있지만, 통계나 확률론의 발전이란 더 정확한 '측정'을 위한 이론적 '기법'의 발전을 의미하는 것이다. 따라서 더 정확한 실태조사에 기여할 수는 있을 망정, 그런 더 정밀한 측정을 통해서 얻어낸 경험적 자료를 어떻게 '이론적'으로 연결해줄 수 있는가에 대해서는 아무런 단서도 제공할 수 없기 때문에 위에서 언급한 지적 전통 '안'에서의 씨름과는 별 관계가 없다. '실태조사'를 통한 '패턴 찾기'에 열중하고 있는 빅데이터 연구팀은 당연히 데이터를 수집하고, 처리하고, 표로 만들어야 할 많은 연구자들이 필요하고, 이들을 모두 '논문의 저자'로 인정하고, 기여를 인정해야 하기 때문에 커다란 연구팀 연구가 무성하게 되었다.

 실증주의의 강세가 이어지면서 실태조사만이 무성하고, 결과적으로 아무런 개념적·이론적 혁신이 나타나지 않게 되고, 단순한 측정 기법의 응용만 무성해졌다. 그러나 마치 커다란 '발견'을 한 것처럼 주장하는 이런 연구들은 이론적 상상력이 부족해 옛날에 우리가 간식으로 즐겨먹었던 '라면땅'처럼 부스러진 채로 남아 있는 연구들만 양산하는 것이다. 이러한 '라면땅' 스타일의 빅데이터 연구들은 그런 발견들을 '의미 있는 전체'로 묶을 수 있는 이론적 포괄력의 부재로 인해서 마치 길 잃은 아이들처럼 방황하고 있는. 뒤르켐의 표현을 빌면, 아노미 상태로 남아 있는 것이다.

그러나 이런 사실에도 불구하고, 계산사회과학자들은 한 발 더 나가서 통계적 측정 혹은 수리사회과학 모형으로는 다룰 수 없다고 생각되어 온 지식사회학, 과학사회학, 철학에까지 자신들의 연구가 커다란 영향을 줄 수 있다고 주장한다. 이에 대한 비판은 조금 더 전문적이지만, 여기서 꼭 다루어야 한다고 생각한다. 왜냐하면, 이런 논의가 지금까지 마르크스, 뒤르켐, 베버, 만하임으로 연결되는 현대 지식사회학과 토마스 쿤으로 시작된 후기 경험주의 과학철학의 영역에 마치 계산사회과학이 대단한 기여를 할 수 있는 듯한 잘못된 주장을 하기 때문이다. 아래의 논의는 통계와 측정에만 기반한 실증주의가 팽배하면 어떠한 학문적 폐해를 가져올 수 있는가를 잘 보여주는 예이다.

2015년 미국 사회학회에서 발간하는 권위 있는 학술지인《아메리칸 소시올로지컬 리뷰(American Sociological Review)》에 출간된 포스터, 레츠키, 에반스의 논문은 과학자들이 연구주제를 선택할 때 어떤 전략을 쓰는가에 대한 연구였다.[3] 이들은 과학철학과 과학사회학에서 가장 영향력 있는 이론가들로 토마스 쿤과 피에르 부르디외, 두 사람을 꼽으며, 이들의 이론의 핵심엔 쿤이 소위 "필연적 긴장"(essential tension)이라 부른 전통과 혁신 간의 충돌이 자리잡고 있다고 주장하면서, 과학자들의 연구주제 선택은 다음과 같은 다섯 가지의 연구전략에 의존하고 있다고 주장한다. 1. 혁신(jump), 2. 새로운 통합(new consolidation), 3. 새로운 연결 짓기(new bridge), 4. 통합 반복(repeat consolidation), 5. 연결 짓기 반복(repeat bridge)이 그것들이다. 이 전략들 중 앞의 세 가지는 혁신, 뒤의 두 가지는 안정 전략이라고 단정짓고, 이 다섯 가지가 서로 배타적인 전략이라고 주장한다. 과학자들의 연구주제 선택을 이렇게 상호 배타적인 사건으로 규정했기 때문에 과학자들이 이들 다섯 전략을 택할 확률의 합은 '1'이 된다고 가정하고, 복잡한 수식을 사용해서 얘기를 전개해 나간다. 그러나 논의를 더 이어가기도 전에 얼핏 봐도 연구문제 선택에 관한 과학자들의 다섯 가지 전략이 서로 배타적이라는 이들의 가정은 과학이나 사회과학을 조금이라도 아는 사람이라면 말이 안 되는, 우스운 얘기라는 것을 금방 알아차릴 것이다.

---

3   Jacob G. Foster, Andrey Rzhetsky and James A. Evans. "Tradition and Innovation in Scientists' Research Strategies", 『American Sociological Review』 80:875-908, 2015.

간단한 예 하나면 이들의 주장이 왜 문제가 되는가가 명확해질 것이다. 우선 과학자들의 '혁신전략'(jump strategy)을 세 가지로 분류하는데, 이는 위에서 언급한 것처럼 '혁신' '새로운 통합', '새로운 연결 짓기'이다. 기존의 이론과 연구를 조합한 '새로운 통합', 혹은 '새로운 연결 짓기'를 통해서 혁신으로 간다는 전략은 이해할 수 있다. 그러나 '그냥 혁신'은 어떤 전략을 말하나? 그냥 아무것도 없는 곳에서 기존의 연구를 뛰어넘는 혁신전략이 나올 수 있을까? 불가능하다. 이들이 부르디외의 과학장에 대한 나의 논문을 인용해준 건 고맙지만,[4] 내용은 전혀 이해하지 못하고 있다. 부르디외에 관한 논의뿐 아니라, 이들은 쿤의 이론적 핵심도 전혀 이해하고 있지 못하다.[5] 아무리 통계적 사회학자라고 해도 그들이 쿤과 부르디외의 이론 논의에 고작 3페이지를 할애한 것은 그들의 이론적 이해가 얼마나 빈약한가를 보여준다. 쿤의 '필연적 긴장'을 계속 인용하면서 논의를 전개해 나간 이들은, 그럼에도 필연적 긴장에 대한 몰이해로 말미암아, 마치 필연적 긴장이 갑자기 기존의 패러다임과는 다른 '점프'로 연결될 수 있듯이 얘기한다.

---

4 Kyung-Man Kim, "What Would a Bourdieuan Sociology of Scientific Truth Look Like?" 『Social Science Information』48:57-79, 2009.

5 쿤의 '필연적 긴장' 개념과 부르디외의 과학사회학에 대한 자세한 논의는 필자의 책, 『Bourdieu's Philosophy and Sociology of Science: A Critical Appraisal』 London: Routledge, 2023을 참조할 것.

그러나 쿤이 누누이 강조하듯이 '필연적 긴장'은 '갑자기' 튀어나올 수 있는 점프와는 거리가 멀다. 오히려 필연적 긴장을 통해서 쿤이 말하고자 한 것은 기존이론에서 점프하는 전략은 과학자들이 택할 수 '없다는' 것이다. 이들의 주장과 반대로 쿤은 점프는 과학자들이 의식적으로 선택하는 '전략'을 통해서 가능하지 않고, 오히려 '정상과학'(normal science)을 하는 과정에서 항시 나타나는 소위 '변칙'(anomaly)이 '누적되면서' 자연스럽게 나타나는 것이다. 즉, 가랑비에 옷 젖는 것같이, 패러다임의 불완전성에 기인한 변칙을 다루는 누적과정을 거치면서 점프가 가능하게 되는 것이다. 다시 말하면, 점프는 기존의 연구를 재배열하거나 연결 짓거나 하는 전략을 통해서만 가능하다는 것이다. 다시 말하면, 이들의 주장과 다르게 점프는 다른 혁신전략들과 상호 배타적일 수 없다는 것이다.

이들이 이런 실수를 한 이유는 간단하다. 이들이 조사했다는 650만 개가 넘는 논문을 다 읽을 수 있을까? 불가능하다. 실제 논문을 다 읽지 않고, 650만 개가 넘는 논문의 '초록'에 등장하는 단어, 더 정확히 말하면, 화학물질들의 이름들의 연결망과 인용패턴에 대한 빅데이터만 가지고 어떻게 과학자들의 전략적 선택을 이해할 수 있을까? 생의학 화학(biomedicine chemistry)에 대한 650만 개가 넘는 논문을 읽을 수 없으니 초록에 있는 핵심단어들만 가지고 혁신이니 연결이니 통합이니를 논하는 것은 넌센스라는 것이 금방 드러난다. 혁신이라면 과학자들이 생각하기에 정상과학에서 '어느 정도 벗어난' 연구일까? 기존의 이론들과 경험연구를 새롭게 '통합'한 혁신과 '새로운 연결 짓기'를 해서 이룩한 혁신은 출처를 알 수 없는 '그냥 혁신'과는 어떤 차이가 있을까?

　　부르디외에게 과학자들의 전략은 전통적 요소와 혁신적 요소의 적절한 혼합(mixture)을 통해서 일어나고, 어떤 혼합을 해야 하는가는 과학자들이 처한 '상황'에 따라서 결정되는 것이다. 그리고 그런 "상황적 판단"을 가능케 해주는 것이 과학자들의 '아비튀스'이다. 인용패턴을 통해서 드러난 과학자들의 안정적인 네트워크가 아비튀스라고 주장하는 이들의 주장이 얼마나 단순하며, 부르디외를 왜곡하고 있는가는 부르디외의 저작을 조금만 읽은 사람이라면 금방 알아차릴 수 있을 것이다. 빅데이터와 통계적 방법론에 관심 있는 사람들 위주로 읽는 논문이니 아비튀스를 이렇게 얘기해도 그것이 틀렸다는 것을 아는 사람이 없다. 이런 논문이 또 미국 사회학회상을 받았다고 해도 하나도 이상할 것이 없다. 그것이 과학이라고 생각하는 학자들만의 모임이기 때문이다. 또 한 번 '측정광적'인 사회과학의 모습이 드러나는 장면이다. 부르디외가 보이지 않는, 그리고 '측정할 수 없는 이론적 개념'은 논의에서 제외하는 현대 실증주의가 가진 폐해를 여러 번

강조한 것은 바로 그런 이유 때문이다.[6] 규칙 따르기로서의 아비튀스는 어떤 측정치로 환원될 수 없는 개념이다.

빅데이터 연구가 가진 가장 치명적인 단점이 물론 이 연구에서도 어김없이 등장한다. 즉, 상식을 마치 무슨 대단한 발견인양 얘기하는 것이다. 이들은 인용을 많이 받고 '상'을 받은 연구가 위험부담을 안은, 혁신전략을 쓴 과학자들로부터 나왔다는 것을 '발견'했다고 주장하는데 이것은 동어반복이다. 왜? 기존의 이론을 반복하거나 확인, 혹은 복제하는 평범한 연구가 어떻게 상을 받고 인용을 많이 받나? 당연히 기존연구로부터 벗어난 혁신적 연구가 인용도 많이 받고, 결과적으로 상도 받을 것이다. 그러나 여기서 더 큰 문제는 '무엇이' 과학자들 사회에서 혁신으로 인정받았는가에 대해서는 빅데이터 연구는 한 마디도 할 수 없다는 것이다. 그저 상 받고, 인용 많이 받은 연구가 혁신이라고 주장한다. 이것은 결과와 원인이 '전도'된 설명이다. 왜 상을 받았나? "인용을 많이 받아서"가 답이다. 왜 인용을 많이 받았을까라고 물어보면 대답은 '혁신적'이기 때문이다. 역시 동어반복이다. '우리가 알고 싶은 것'은 과학자들이 어떤 논쟁과정을 거쳐서 '왜' 어떤 연구를 혁신적 기여라고 인정하게 되는 '사회적' 과정이지 단순한

---

6 부르디외의 실증주의 비판은 그의 책, 『The Craft of Sociology: Epistemological Preliminaries』 Berlin, New York: De Gruyter, 1991을 참조할 것.

인용 횟수와 상 받은 사실의 상관관계가 아니다. 이런 상관관계는 이미 반세기 전에 미국 과학사회학의 창시자인 로버트 머턴이 다 한 이야기다.

　이런 빅데이터 연구가 가진 치명적 약점은 그들도 인정했듯이, 실패한 연구, 그래서 논문으로 출간되지 못한 연구들은 이들의 연구자료에서 제외될 수밖에 없다는 사실이다. 당연히 출간되지 못한, 그래서 무시된 연구들 중 일부는 필경 혁신전략을 택했음에도 과학자들의 학술지 심사에서 게재 거부되어서 걸러졌을 것이다. 왜 그랬을까? 아마도 매우 급진적이고, 점프의 폭이 커서 그랬을 것이다. 따라서 이들이 점프라고 명명한 상 받은 연구는 결국 점프라고는 하지만, 실제로는 어느 '한계 내에서의' 점프라는 것이 드러난다. 그렇다면 점프라고 인정된 연구들, 그래서 상 받은 연구들은 '진정한 점프'가 아니라, 기존 이론을 '약간 변형'한 것에 지나지 않을까? 만약 그렇다면, 이런 약간의 변형은 새로운 연결 짓기나 새로운 통합전략과 어떤 차이를 가졌나? 다시 말하면, 혁신은 기존 패러다임에서 '얼마나' 벗어난 것을 의미하나? 또 얼마 이상 벗어나면 혁신, 점프가 아니라 '이단'이라고 치부되고, 게재 거부가 될까? 이 논문이 가진 가장 큰 약점은 점프라는 혁신을 판별하고 걸러내는 '과학사회의 지배구조', 즉, 규칙 따르기에 대해선 이 연구가 아무런 말을 할 수 없다는 것이다. 즉, 왜 위험부담을 택한 연구들 중 어떤 연구들은 새로운 기여라고 인정받고,

상도 받았지만, 어떤 연구들은 출간도 되지 못하고 묻혀버렸을까? 이런 급진적인 연구들을 걸러낸 '과학장의 구조'(structure of the field)는 어떤 것인가? 다시 말하면, 혁신을 정의하고 상을 수여하는 과학장의 엘리트 지배자는 누구인가? 이에 저항하는, 새로운 연구를 가지고 등장한 집단은 누구이고, 그들의 이론적 주장은 어떤 것인가? 그리고 어떤 과정을 통해서 현재의 규칙 따르기를 방어하려는 과학장의 지배자들과 새로운 규칙 따르기를 제도화하려는 집단간의 투쟁이 지배 집단의 승리로 끝나고 말았는가? 이 질문들이 부르디외가 그의 '과학장 이론'(field theory of science)을 통해서 답하고자 했던 핵심 질문들이지만, 이들의 연구는 이런 질문들에 대해선 아무런 답을 할 수 없다. 아이러니한 것은 이들이 자신들의 통계연구의 이론적 기둥으로서 부르디외에 의존하고 있다고 주장하면서도, 정작 부르디외 과학사회학의 핵심은 다 피해간 겉핥기식 연구를 했다는 것이다.

마지막으로 슬픈 코멘트 하나. 이 논문의 저자 중 하나인 포스터(Jacob Foster)는 물리학 박사만으로 미국 명문대학 중 하나인 캘리포니아대학(UCLA)의 사회학과 정교수가 되었다는 사실이다. 포스터는 캘거리대학에서 수리물리학 박사를 받은 이후에 시카고대학 사회학과의 제임스 에반스(James Evans) 밑에서 박사 후 연구과정 3년만 하고, UCLA의 사회학교수에 취임해 정교수가 되었다. 다시 말하면, 포스터는 사회학 박사학위 없이, 물리학 학위만 가지고 사회학과 교수가 되었다는 것이다. 사회학이 통계와 계산만 하면 되는 학문으로 전락했다는 증거이다. 경제학은 말할 것도 없고, 정치학과 여타의 사회과학도 사정이 비슷하다는 것은 잘 알려진 사실이다. 참 슬프기도 하고 우습기도 하다. 사회학은 그냥 통계나 수학의 응용분야로 흡수되면 되지 않을까? 요즘엔 인문사회과학과 자연과학의 융합연구를 해야 한다고 난리를 피우고 있다. 위에서 비판한 논문의 저자들 중 포스터는 수리물리학자였고, 에반스는 사회학자, 그리고 레츠키는 시카고대학 의대의 유전학자이다. 이보다 더 '이상적인' 융합이 어디 있을까? 그러나 앞에서 보여준 것과 같이 이들 연구는 과학사회가 어떻게 작동되는가에 대한 '겉핥기' 연구밖에 만들어내지 못했다. 이들 연구는 사회과학과 자연과학의 융합이 말뿐인 허울좋은 연구로 끝날 가능성이 높다는 것을 보여준다.

그렇다면 우산학이나 식사학, 계산사회과학 같은 실증주의 사회과학이 가지지 못한 자연과학의 '과학성'은 어디서 찾을 수 있을까? 유전학의 역사를 보면 유전적 자료 간의 통계적 법칙을 찾으려는 노력에서 시작된 유전학 연구가 어떤 과정을 거쳐서 진정한 과학으로 거듭날 수 있었는가가 드러난다. 통계학의 아버지 중 하나였던 골턴(Francis Galton)은 아버지와 아들의 '키'의 통계적 상관관계 분석을 통해 유전에 관한 연구를 시작하였다. 현대통계학의 창시자 중 하나인 칼 피어슨(Karl Pearson)은 스승이었던 골턴을 이어받아 소위 '조상혈

　　　　　　　　　　　　　비트겐슈타인과 규칙 따르기

통의 법칙'(law of ancestral heredity)을 발전시켰는데, 이 '법칙'은 선조와 자손들의 '표현형', 예를 들면 아버지의 키와 자식의 키 등, 육안으로 '보이는 형질'간의 상관관계를 통계적으로 측정해서 얻어진 법칙이었다. 예를 들어 콩의 크기 혹은 옥수수의 알이 달린 줄의 수가 세대를 거쳐서 유전되는 정도를 나타내는 상관계수를 측정함으로써 얻는 법칙이 조상혈통의 법칙의 예이다. 피어슨이 1901년에 창간한 최초의 통계학 학술지의 제목,《생물학적 측정》(Biometry)은 바로 이런 상관관계의 '측정'에 초점을 두고, 그런 측정을 통해서 유전법칙을 정립하려는 것이었다. 명민한 독자들은 피어슨의 연구가 지금의 계산사회과학이 사용하는 통계적 방법을 사용한 '패턴 찾기'와 유사하다는 것을 금방 알아차릴 수 있을 것이다.

그러나 피어슨의 생물통계 연구는 케임브리지대학의 윌리엄 베이트슨(William Bateson)이라는 생물학자로부터 커다란 도전을 받게 된다. 닭 벼슬 형태의 유전 패턴에 대한 연구를 하면서 커다란 난관에 봉착했던 베이트슨은 20세기 초까지 묻혀 있던 멘델의 유전학 연구를 우연히 읽으면서, 한 줄기 빛을 보게 된다. 즉, 지금까지 열심히 축적해왔지만, '설명'을 할 수 없었던 자료의 더미가 멘델의 유전이론을 통해서 어떤 '의미 있는 질서'를 가지게 되고, 그런 질서는 멘델이 소위 '인자(因子, factor)'라 부른 유전자를 통해서 '설명'될 수 있다는 희망이었다. 베잇슨은 피어슨의 연구를 보이는 것간의 상관관계만 찾아낼 뿐, 왜 그런 관계가 나타나는가를 '설명'할 수 없는 유사과학 (pseudo-science)이라고 비판하게 되고, 그 후로 30년간 이상 이어지는 유전학 논쟁을 촉발하게 된다. 나는 이들 두 그룹 간의 논쟁을 사회학적으로 분석한 책을 썼지만, 여기서는 단 한 가지만을 언급하면 될 것이다.[7] 즉, 베잇슨과 멘델 옹호자들은 피어슨과 웰던(William Weldon) 등 '보이지 않는 유전자'의 존재를 부정하는 사람들에 대항해서, 보이는 패턴, 즉, 상관관계는 반드시 보이지 않는 '이론적 개체', 즉 '멘델 인자'(Medelian factor)—당시엔 유전자를 그렇게 불렀다—로 설명되어야 한다고 주장했다. 왜냐하면 골턴과 피어슨 법칙은 표현형간의 단순한 상관관계만 보여줄 뿐, '왜' 그런 상관관계가 얻어지는가에 대해서는 아무런 설명을 할 수 없었고, 따라서 진정한 과학이 될 수 없었기 때문이다.

다윈이 비글호를 타고 갈라파고스에 가서 수집해왔던 방대한 자료, 예를 들면, 각 섬에 있는 핀치(finch)가 가진 다른 형태의 부리들은 그가 소위 '자연선택이론'이라 명명한 이론을 그 자료들에 적용하기 전까지는 아무런 의미를 가지지 못한 그냥 단순한 '자료뭉치'에 불과했다. 같은 이유로 많은 육종가들이 키우던 동물과 식물의 유전 형

---

7 필자의 책 『Explaining Scientific Consensus: The Case of Mendelian Genetics』, New York: Guilford Press, 1994에서 피어슨의 실증주의와 베이트슨의 멘델 이론의 충돌의 배경과 진행과정을 자세히 추적하고 설명하였다.

태에 관한 많은 자료들은 멘델의 유전이론이 등장하기 전까지는 단순한 자료뭉치에 불과했던 것이다. 이것이 계산사회과학이 자연과학흉내를 내고는 있지만, 실제로는 자연과학을 따라가지 못하는 유사과학에 머물 수밖에 없는 이유이다.

2 ── '보지 않고 믿는 것이 복되도다': 실증주의자 도마와 예수의 부활

"보지 않고 믿는 것이 (보고 믿는 것보다) 복되도다"(요한복음 20장: 24-29)라는 성경 말씀은 예수님이 부활하셔서 의심 많은 그의 제자 도마에게 하신 유명한 말이다. 도마는 예수님께서 부활하셨다는 말을 믿지 않고 어떻게 죽은 사람이 다시 살아 돌아왔냐며 예수의 부활을 증언한 다른 제자들에게 강한 의심을 표했다. 예수가 이런 회의적인 도마에게 홀연히 나타나서 "내가 여기 부활해서 네 앞에 서 있는데도 못 믿겠느냐" 해도 도마는 여전히 믿지 않았다. 도마는 언제까지 회의했을까? 자신이 예수의 몸에 난 상처를 '직접' 손으로 만져보기까지는 믿을 수 없다는 것이었다. 예수가 그런 도마의 손을 잡고 파인 상처에 갖다 댔을 때 비로소 도마는 뒤로 넘어지면서, 주여! 이제 주님의 부활을 믿습니다!라고 외쳤다. 그때 예수께서 하신 말씀이 바로 '보지 않고 믿는 것이 (보고 믿는 것 보다) 복되도다"라는 것이다.

도마의 예가 실증주의 논의와 무슨 관계가 있다고 난리를 필까?

실증주의는 모든 과학의 기초가 관찰과 사실의 증명에 있다고 하면서, 관찰될 수 없고, 따라서 증명될 수 없는 명제는 과학에서 배제되어야 한다고 주장한다. 실증주의자는 도마같이 보이는 것만 믿고, 보이지 않는 어떤 것도 믿기를 거부한다. 일견 옳은 태도인 듯싶지만, 사실 현대 자연과학의 발전은 '반 도마적'인 인식론에 기초하고 있다. 그것이 보일(Robert Boyle)과 뉴턴(Isaac Newton), 그리고 로크(John Locke) 등이 주장했던, 세계가 입자(粒子)로 구성되어 있다는 입자철학(corpuscular philosophy)이든, 멘델의 유전자든, 현대 물리학의 쿼크(quark)든, 현대과학은 '보이지 않는 이론적 개체'를 포함한 가설을 통해서 보이는 현상을 설명하고 있고, 그런 설명을 통해서 커다란 발전을 했다. 즉, 보이지 않는 이론적 개체를 포함한 가설을 통해서 보이는 현상을 설명한 것이 현대 과학발전의 원동력이었다. 여기서는 논의하기 매우 어려운 주제지만, 이런 이론적 개체들은 그 존재를 '증명'하거나, '반증'하기 매우 어려운 존재들이지만, 그럼에도 이런 이론적 개체에 대한 가설들을 통해서 현대과학은 발전해왔다.[8] 그러나 위에서 논의한 대로 빅데이터 사회과학, 그리고 계산사회과학은 보이지 않는 이론적 개체를 통한 설명을 포기하고, 관찰 가능한 경험적 관찰들 간의 관계만을 '나열'해왔기 때문에 관찰된 패턴이 왜 얻어지는

---

8 현대 과학이 어떻게 보이지 않는 이론적 개체에 대한 가설로부터 시작되었는가에 대한 흥미로운 연구는 Larry Laudan 『Science and Hypothesis』Dordrecht, Reidel, 1981을 참조 할것.

비트겐슈타인과 규칙 따르기

가에 대한 설명을 할 수 없고, 결과적으로 서로 아무런 연관을 찾을 수 없는, 흩어져 있는 라면땅 같은 '사실'들을 발견이라고 쭉 늘어놓고 있는 것이다.

피에르 부르디외의 사회학이 20세기의 가장 뛰어난 사회학이란 찬사를 받은 것은 우연이 아니다. 아무런 이론적 설명 없이 조각난 라면땅 식 상관관계의 발견들을 사회과학적 발견이라고 주장하는 실증주의자들과 다르게 부르디외는 '아비튀스', '게임의 감각', 장(field), 일루시오(illusio) 등, 원칙적으로 관찰 불가능한 이론적 개체들로 구성된 '정교한 이론'으로 다양한 사회현상을 '설명'하고 있다. 때문에 20세기에 가장 영향력 있는 사회과학자 중 하나로 손꼽히는 것이다. 물론 여기서 필자가 부르디외의 이론이 여러 경험연구를 통해서 '증명'되었다고 말하려는 것은 아니다. 여타의 자연과학이론과 마찬가지로 부르디외 이론도 증명은 불가능하다. 다만, 주어진 경험자료와 그의 '장 이론'(field theory)간의 '조응'이 우리에게 그의 이론의 그럴듯함을 말해주는 것이다.[9]

그러나 앞의 나의 주장이 사실이라면, 이런 라면땅 인식론임에도

---

[9] 이론과 경험적 자료의 조응이 무엇을 의미하는가에 대해서는 필자의 『과학지식과 사회이론』을 참조하고, 특히 부르디외 사회학 이론이 현실과 얼마나 조응하는가에 대한 논의는 필자의 『Bourdieu's Philosophy and Sociology of Science: A Critical Appraisal』 London: Routledge, 2023을 참조할 것.

불구하고 왜 빅데이터 사회과학이 요즘 이렇게 각광을 받을까라는 의문이 남을 수밖에 없다. 다시 말하면, 왜 아무런 설명도 할 수 없는 '반쪽짜리' 학문이 사회과학에서 이제 중요한 위치를 차지하고, 많은 연구비를 받고 학과까지 설치될까? 그 답은 빅데이터 연구들이 가진 '상업적 · 정치적 가치'에서 찾을 수 있다.

더 깊은 논의를 위한 참고문헌

✻ 이 장은 이 책의 다른 장들에 비해서 이론적으로 좀 더 어려운 얘기를 담고 있어서 더 깊은 논의를 소개하는 것이 적절해 보이지 않지만, 현대 자연과학이 어떻게 실증주의 전통을 넘어서 위대한 연구성과를 거뒀는지에 대한 정말 훌륭한 연구가 있어서 관심 있는 독자들에게 소개한다. 맨델바움(Maurice Mandelbaum)은 그의 책, 『Philosophy, Science and Sense Perception』(Baltimore: Johns Hopkins University Press, 1969) 에서 로버트 보일, 그리고 그를 이어서 뉴턴이 어떻게 보이지 않는 개체를 가지고 보이는 현상을 설명하는 '가설의 전통'을 확립시켰는가에 대한 흥미로운 논의를 전개하고 있다.

비트겐슈타인과 규칙 따르기

9

빅데이터, 인공지능, 지배

빅 데이터와 긴밀하게 연결된 유행어는 물론 인공지능(AI, artificial intelligence)이다. 멀지 않은 미래엔 대부분의 인간의 일이 인공지능에 의해서 수행될 것이라는 데는 이견이 없고, 우리의 일상 대화에서도 인공지능이 빠지면 대화가 안 되는 듯, 인공지능에 관한 뉴스가 매스컴을 도배하다시피 한다. 그러나 인공지능을 찬양하는 보랏빛 미래에 관한 이야기는 만연하지만, AI가 초래한, 그리고 초래할 사회적 파장에 대한 논의는 많지 않다. 두 가지의 문제만 생각해보자. 첫째는 정보의 비대칭과 독점으로부터 야기되는 지배와 권력의 문제이고, 둘째는 인간의 동기유발과 결속력의 문제이다.

1 ──── 정보 비대칭과 독점으로 인한 권력과 지배

빅데이터 분석과 머신 러닝(machine learning)에 기초한 인공지능이 사회과학에서 각광받는 이유가 무엇인가를 생각해보면, 이런 분석이 상업적 목적과 정치적으로 쓰임새가 있어서라는 것이 극명하게 드러난다. 이런 상업적, 정치적 필요를 충족시켜주는 것 외에 소위 데이터 과학이라 불리는 학문은 학문으로서 별로 가치가 없다.

요즘은 대부분의 거래행위가 온라인상으로 이루어지고, 이는 소위 '디지털 흔적'을 남긴다. 우리가 매일 사용하는 페이스북이나 인스타그램의 '디지털 흔적' 혹은 '디지털 부스러기'가 어떻게 상업적으로 혹은 정치적으로 유용됐는가를 논하면 빅데이터와 인공지능이 가져온 사회적, 정치적 문제가 무엇인가가 명확하게 드러날 것이다. 빅데이터는 항상 '흔적'을 남긴다. 이 디지털 흔적은 우리가 온라인상에서 어떤 선택을 했는가와 어떤 행위를 했는지를 잘 보여준다.

영국의 케임브리지 애널리티카(Cambridge Analytica)라는 회사에서 일했던 크리스토퍼 와일리(Christopher Wylie)는 2018년에 자신이 일했던 케임브리지 애널리티카가 개발한 앱을 통해서 수천만이 넘는 페이스북 사용자들과 그들의 친구들의 개인정보를 사용자들이 알지 못하는 사이에 불법적으로 빼내고, 그것을 선거 등 정치적 목적에 사용했다고 폭로했다. 그러나 이들이 허락받지 않고 불법적으로 도용한 것은 이들의 개인 신상 정보뿐이 아니고, 페이스북 사용자들이 오랜 시간 동안 페이스북 활동을 하면서 남겨놓은 디지털 흔적들이었다. 즉, 음식, 옷, 음악을 포함한 수많은 이들 사용자들의 취향을 나타내는 정보, 즉 이들이 눌렀던 '좋아요'에 관한 정보도 신상정보와 함께 유출되고 도용되었다는 것이었다.

케임브리지대학 출신의 빅데이터 분석가인 코진스키(Michal Kosinski)가 개발한 알고리즘(algorithm)을 사용하면, 10번의 '좋아요'라는 정보가 주어지면, 컴퓨터 모형은 그 사람의 동료보다 그 사람을 더 잘 알게 되고, 150번의 '좋아요'에 관한 정보를 주면, 그 사람의 가족보다, 그리고 300번의 좋아요 정보를 주면 그 사람의 배우자보다 그 사람을 더 잘 알 수 있다고 한다. 이는 '좋아요!'를 누른 횟수를 가지고, 그 사람의 성적 취향, 피부색, 정치적 지지 성향, 화장품 선호도, 그리고 종교적 성향까지도 거의 완벽하게 예측할 수 있었다는 것을 의미한다. 케임브리지 애널리티카는 8천 7백만 명이나 되는 페이스북 사용자들의 개인정보를 그들의 허락 없이 빼내서 2016년 도널드 트럼프(Donald Trump) 선거운동에 이용했다는 의혹을 받았고, 결국 회사는 문을 닫고 말았다. 이 예는 정보의 독점과 빅 데이터의 '정치적 이용'이 초래한 문제가 무엇인가를 극명하게 드러내고 있다.

이러한 빅데이터 분석은 당연히 상업적 목적을 위한 회사들의 관심을 끌게 되고, 그래서 탄생한 것이 '심리기록'(psychographics)이라는 시장조사인데, 이는 사람들을 그들이 가진 태도, 가치, 싫어함/좋아함 등의 심리적 변수를 가지고 '분류'하고 이런 정보를 소비자들이 어떤 특정한 선택을 하도록 '유도'하는 데 사용한다. 회사들은 특정한 목표 그룹을 설정하고, 이러한 조사를 통해서 그들이 좋아하는 것을 출시하고 판매량을 늘리려 한다. 13~17세 청소년들의 관심을 끄는 담배, 게임, 체중감량, 알코올, 온라인 데이트(어린 소녀들과 남자들의 데이트) 등에 관한 데이터를 프로파일링해서 상업적으로 이용하는 데 페이스북이 이용되었다는 사실은 빅데이터 분석이 청소년들에게 해가 되는 상품들을 선전하고, 결과적으로 그들을 '돈벌이 수단'으로 이용했다는 것을 여실히 드러내준다.[1] 단순히 변수들의 상관관계 이상에 대해서는 아무런 말을 할 수도 없고 관심도 없는 빅 데이터 분석은 이런 상관관계를 상업적 이익을 위해서 사용하고 있을 뿐이다.

정보의 비대칭과 독점에 따라 발생하는 지배와 착취의 문제는 우버 택시(Uber taxi)가 기사들을 조종한 사례에서도 나타난다. 우버는 회사의 이윤을 극대화하기 위해서 플랫폼에서 전해지는 정보를 조작하고, 운전기사들을 통제·조종하고 있다. 우버 입장에서는 택시 수

---

1 "Profiling Children for Advertising: Facebook's Monetanisation of Young People's Personal Data". https://au.reset.tech/news/profiling-children-for-advertising-facebooks-monetisation-of-young-peoples-personal-data/

비트겐슈타인과 규칙 따르기

요가 없을 때도 기사들을 도로 위에 있게 해야만 손님이 택시를 호출했을 때 빨리 갈 수 있으므로, 손님이 없어도 차들이 계속 도로 위에 머물도록 하려 한다. 기사들이 일정 목표금액을 벌면 더 이상 일하기 싫어한다는 행동경제학(behavioral economics)의 이론을 이용해서 우버는 차에 대한 수요가 실제론 별로 없는데도 마치 도로에 돈 벌 기회가 더 많아서 곧 목표 금액을 달성할 수 있을 거라는 정보를 흘림으로써 기사들에게 넌지시 계속 도로 위에 있기를 권유(nudge)한다. 이는 차에 대한 수요가 별로 없을 땐 일하기 싫고, 수요가 많을 때만 일하고 싶은 기사들을 조종해서 회사의 이익을 증진시키려 한 것이다. 우버는 또 연속으로 다음 손님을 자동으로 연결시키는 알고리즘을 개발해 우버의 플랫폼이 기사들을 착취하도록 만들어져 있다는 비판을 받았다. 이런 사실들은《뉴욕타임스》가 폭로할 때까지 알려져 있지 않았다.[2] 인공지능의 문제를 단순한 기술적인 측면에서 접근하는 것은 그것이 초래한, 그리고 앞으로 초래할 정보 비대칭과 독점으로 야기되는 권력과 지배의 문제를 무시하는 것이며, 따라서 미래의 인공지능은 정보독점의 문제를 감시하고 통제할 수 있는 메커니즘의 개발을 요구한다.

---

2 AI Now, 2017 Report를 참조할 것.

2 ——— 동기유발과 결속력의 문제

인공지능과 빅데이터 시대가 초래한 또 하나의 심각한 문제는 바로 인간사회의 동기유발과 결속력(human motivation and solidarity)에 대한 것이다. 공학자였던 테일러(Frederick Taylor)는 이미 100년도 더 전에 『과학적 경영의 원리』(The Principles of Scientific Management)란 책에서 인간의 모든 작업을 최소단위로 분해하고 과학적으로 측정해서 생산성을 극대화할 수 있다고 주장했는데, 이것이 바로 유명한 시간과 동작 연구(time and motion studies)였다. 아주 간략하게 말하면, 시간과 동작 연구는 인간의 작업시간과 동작을 하나씩 떨어뜨려서 분리한 후, 이를 과학적으로 분석해서 작업능률을 최대화하는 것을 목표로 하는 연구이다. 예를 들면 작업 중 쉬는 시간을 어떤 주기로 주고, 어떤 자세로 얼마간 일하는 것이 생산성 향상에 가장 도움을 줄 수 있는가를 연구하는 것이었다. 더 구체적으론, 어떤 자세로 어떤 책상에서, 어떤 밝기의 조명 아래서 생산성이 극대화될 것인가에 대한 실험들이 당시의 시간과 동작연구의 핵심이었다.

이 연구의 중심엔 '생리학'적, 즉, 과학적 원리에 입각한 작업환경 관리가 생산성 향상에 가장 효율적이란 가정이 있었다. 테일러는 매니저가 아닌 과학(생리학)이 매니저를 대신할 수 있고, 따라서 나쁜 의미가 아닌 좋은 의미에서 인간이 없어도 생산성을 높이고 기업의 이익을 늘릴 수 있는 소위 '인간 없는 경영'이 가능하다고 주장했다.

비트겐슈타인과 규칙 따르기

아이러니한 것은 요즘 AI 시대의 주장이 이미 100년도 더 전에 테일러에 의해 제기되었다는 것이다.

그런데 더 재미있는 점은 이런 주장이 곧 실현 가능하지 않다는 게 밝혀졌다는 사실이다. 1920년대 시카고 외곽에 있는 서부전기(Western Electric)에서 실시한 시간과 동작 연구는 테일러식의 매니저 없는 과학적 경영이 가진 문제를 여실히 드러냈다. 래들리스버거(Roethlisberger)와 딕슨(Dickson)이란 서부전기의 매니저들은 방의 조도(照度)가 작업 생산성에 미치는 영향을 연구하기 위해서 출근하는 사람들을 두 그룹으로 나눠 조명의 세기가 각기 다른 방에서 작업하도록 했다. 한 방은 이전의 조명 밝기였고, 다른 한 방은 조도를 높였는데 이 두 그룹의 생산성이 차이가 날 것이란 매니저들의 예상과는 달리, 모두 생산성이 매우 향상되었다. 이들은 이 문제를 해결하기 위해서 하버드대학의 엘턴 메이요(Elton Mayo)라는 심리학자를 불러왔고, 그는 다음과 같은 결론에 이른다. 즉, 이 두 그룹이 '반응'한 것은 조도와 같은 '물리적 환경'이 아니고, 그들을 두 방으로 나눠서 일하도록 한 매니저들의 '평상시와는 다른' 행동이었다는 것이다. 인간의 동기유발과 작업능률에 중요한 것은 빛의 강도와 같은 물리적 '자극'이 아니라, 자극이 무엇을 '의미'하는가에 대한 사람들의 "해석"이었다는 것이 이 연구를 통해서 밝혀진 것이다.

평상시와는 다르다는 것은 무엇을 의미하는가? 오늘 아침에 출근하니 평소와는 다르게 매니저들이 자신들을 두 그룹으로 나누고 각기 다른 방으로 들어가서 작업하도록 했기 때문에 노동자들은 자신들이 매니저들의 관찰과 관심의 대상이 됐다고 '해석'했고, 그 결과 두 그룹 모두 평소보다 더 열심히 일을 한 것이다. 이는 과학적으로 환경을 조작해서 생산성을 늘릴 수 있다는 종전의 믿음과 달리, 인간의 감정적·심리적·의미해석적 요인이 생산성에 크게 영향을 줄 수 있다는 것을 의미했다. 사람들이 물리적 환경에 단순한 '반응'을 하는 수동적인 기계가 아니라, 자극을 '해석'하고, 그런 해석에 따라 움직이는 능동적인 인간이라는 것을 깨달은 것이었다.

1936년에 발간된 책, 『리더의 기능』(The Functions of the Executive)에서 바나드(Chester Barnard)는 단순히 일을 부분들로 쪼개고, 과학적 원리에 따라서 조직하는 것만이 생산성 향상의 전부가 아니고, 조직의 성공은 결국 리더가 조직 구성원들을 독려하고 이끄는 데서 나오는 '결속력'에 달려 있다는 주장을 한다. 미국의 대형 은행인 뱅크 오브 아메리카(Bank of America)에 대한 최근 연구에서 작업능률과 생산성이 가장 높은 팀은 비공식적인 의사소통과 교류가 많은 팀이라는 것이 밝혀졌다. 이는 다시 말하면 조직의 공식적인 소통채널보다 만남과 대화와 같은, 좀더 비공식적인 상호작용을 통해서 교감을 증진시키고, 팀의 결속력을 높인 팀이 가장 생산성이 높았다는 것이다. 역시

비트겐슈타인과 규칙 따르기

여기서도 개인들 간의 '관계'를 발전시켜서, 결속력을 고취하고 일에 대한 동기부여를 하는 접근이 각 개인의 성취만을 강조하는 방식보다 조직의 성공에 더 많은 기여를 한다는 결론이 나왔다.

영국의 일간지 《이코노미스트》(The Economist)는 요즘 시대를 '전화 인류의 시대'(age of phono sapiens)라고 불렀다. 전화, 특히 휴대전화의 등장은 우리 생활에 가히 혁명적 전환을 가져왔기 때문이다. 이러한 전환이 가져온 것이 무엇인가는 여기서 나열하지 않아도 독자들도 잘 알 것이다. 그러나 소위 '스마트'하다는 스마트폰은 스마트하게 인간의 관계를 개선하는 대신에, 전혀 스마트하지 않은 방식으로 우리의 관계를 단절하는 '역설적' 결과를 가져왔다. 사회학자로서 가장 안타깝게 생각하는 것은 휴대전화가 가져온 가족 간의 소통파괴와 그로 인한 결속력의 해체이다. 이것은 굳이 사람들을 인터뷰해보고, 통계적 자료를 들이대야만 알 수 있는 것이 아니다.

쉬운 예로 중국 음식점에서 가족끼리 식사하는 장면을 생각해보자. 예전에는 아이들이 자장면 먹을 때 아빠가 입을 닦아주고, 엄마는 탕수육을 덜어 나눠주면서 대화를 이어가는 것이 흔한 광경이었지만, 요즘은 엄마와 아빠는 물론, 아이들까지 밥을 먹을 때 앞에 놓여 있는 '자기 화면'에 몰입하고, 주위에는 아무런 신경을 쓰지 않는다. 각자 휴대전화 하나씩을 들고, 그것에 몰입해서 서로의 대화는 없이 쳐다보지도 않으면서 가운데 놓인 음식을 '말없이' 먹는 광경을 흔히 볼 수 있다. 심지어는 연인들끼리도 카페에 앉아서 서로의 휴대전화만 들여다보고 있는 모습도 흔히 볼 수 있다. 어느 사람이 이런 말을 하는 것을 봤다. "식당에 5명이 앉아 있는데 4명은 스마트폰을 보고 한 사람만 안 보고 있는데, 이 사람은 메뉴를 보고 있었다".

비단 중국 음식점에서만 그럴까? 아닐 것이다. 가족이 집에서 식사할 때도 서로 대화하기보다 휴대전화를 들여다보고, 거기에 빠져서 소통은 뒷전으로 밀려나고 있다. 아마 휴대전화 저리 치우고, 가족 간의 '공통의 대화주제'에 집중하고, 거기서 즐거움을 찾고, 서로의 관심을 더욱 키워가야 한다고 '꾸중'을 한다면? 내 생각엔 그 관계가 더 악화되지, 좋아지지는 않을 것이다. 이 책의 앞에서 말한 하나의 규칙 따르기로서의 '상호작용 의례'가 사라지고 있는 것이다. 즉, 가족의 의사소통과 공통 관심사를 발전시켜가는, 그래서 서로를 더 이해하고, 가족의 결속력을 증가시키는 그런 '의례'를 행하는 장소로서의 식탁이 사라지고 있다는 것이다. 스마트한 전화가 가족이 더 이상 서로를 존중하지 않도록 만드는 스마트하지 않은 결과를 초래한 것이다.

인간과 휴대전화 같은 '인간이 아닌 행위자'(non-human agent) 간의 '결합' 혹은 더 심하게 말하면, '하나됨'은, 브루노 라투르(Bruno Latour)가 소위 '행위자 연결망'(actor-network)이라 부른 인간과 비인

비트겐슈타인과 규칙 따르기

간, 즉 인간과 사물의 네트워크의 일부이다. 행위자 네트워크는 인간이 모든 것의 중심이라고 생각한 인본주의(humanism)를 넘어서, 우리의 삶에서 인간·사물의 상호 의존성(mutual dependence)을 강조하고, 그런 의미에서 인간과 사물의 '동등함'을 주장한다. 풀어서 얘기해보자. 포노 사피엔스는 우리가 휴대전화 없이는 아무것도 할 수 없는 상황을 의미한다. 이제 휴대전화 없이는 연애도 할 수 없고, 물건을 주문할 수도 없고, 금융거래도, 도서관에서 도서 대출증을 받을 수도 없다. 이런 인간과 사물의 상호의존성은 인간이 사물 위에서 그것을 지배하는 것이 아니라 사물도 인간과 동등한 지위를 가지고 인간은 결국 사물과의 관계 안에서만 파악될 수 있다는 것을 의미한다. 포스트 휴머니즘(posthumanism)이란 철학적 사조의 말로 표현하면, 인간도 커다란 생태체계의 일부일 뿐, 그 체계를 구성하는 다른 요소들과 차별되는 특별함을 가진 존재가 아니다. 휴대전화도 인간이 마음대로 할 수 있는 인간의 창조물이 아니라, 인간과 동등한 지위를 가진, 라투르가 말하는 행위자 네트워크 안의 행위자(actant)이며, 그런 의미에서 이 두 행위자는 서로가 서로를 정의하는 관계가 된 것이다.

그러나 다른 시각에서 보면 인간과 사물의 '하나됨'은, 역시 우리가 우리의 창조물에 '의존적'이 되고, 궁극적으로는 지배받는 것을 의미한다. 많은 사람들이 행위자 네트워크 이론을 현대성의 특징인 이분법적 인식론을 극복한 획기적인 전환이라고 말하지만, 사실 이는 전통적 마르크시즘의 소외이론의 변형이다. 우리가 만든 상품일 뿐인 휴대전화가 이제 우리에게서 분리되어 그 자체의 생명과 존재론적 의미를 가지기 때문에, 종국적으로 우리는 우리 기술의 산물에서 '소외'되고 그것에 의해 지배받게 되는 것이다. 휴대전화가 없는 세상을 생각해보라. 건널목에서조차도 목숨을 걸고 그걸 들여다보고 있으니… '디지털 중독'이란 말은 휴대전화가 없으면 살아 있는 것이 아니라는 것을 의미한다. 상호의존성은 동시에 또 인간의 '자율성'의 소멸을 의미한다. 기술사회의 산물인 여러 장치들과 거미줄 같은 연결망 안에서만이 자신의 존재를 확인하고 살아가고 있는 우리 모두는 비판과 변화의 가능성을 스스로 닫아버리는, 마르쿠제(Herbert Marcuse)가 소위 '일차원적 인간'(one dimensional man)이라 부른 인간으로 전락하고 있는 것이다.

10

상품숭배와 인간 소외

유명한 미국 밴드인 이글스의 노래 중 〈뉴욕 미니트〉(New York Minute)가 있다. 본래 뉴욕 미니트는 뉴욕처럼 숨쉴 틈 없이 경쟁적인 도시의 삶을 살아가는 사람들의 바쁜 시간을 표현하는 단어인데, 이글스의 노래가사는 월 스트리트 증권가에서 일하는 해리라는 사람을 통해서 미국의 대도시에서 사는 사람들이 겪는 삶의 비애와 공허함을 이야기하고 있다. 이 노래는 다음과 같이 시작한다. "해리는 일어나서 검은 색 옷으로 갈아입고 역으로 향했다. 그는 다시 돌아오지 않았다. 철로의 어디인가 그의 옷이 어지럽게 흐트러져 있었고, 아침에 월스트리트에 나타나지 않았다." 이 곡을 만든 이글스의 멤버 돈 헨리(Don Henley)는 이 곡의 작곡 이유를 눈코 뜰 새 없이 바쁘게 돌아가는 뉴욕에서 '잊힌' 가치들을 환기시키고자 했다고 말한다. 월 스트리트에서 가장 중요한 것은 무엇일까? 물론 '투자', '수익', '시간', '비인간적인 경쟁', '위험' 등일 것이다. 돈 헨리는 이 노래를 통해 숨가쁘게 돌아가는 뉴욕에서 잃어버린 사랑과 흘러가버린 시간에 대한 소중함을 다시 돌아보도록 하고 싶었던 것이다. 여기에 내가 하나 첨언하자면, 돈 헨리는 수익을 위해서라면 무엇이든 가능한 소위 '도구적 이성'이 지배하는 자본주의의 비인간적 삶을 비판한 것이다.

20세기 초에 호르크하이머(Max Horkheimer), 아도르노(Theodor Adorno), 마르쿠제 등에 의해 독일에서 형성된 프랑크푸르트 학파(Frankfurt School)의 '비판이론'(critical theory)의 중심에는 '도구적 합리성'의 팽창이 초래한 인간의 원자화, 파편화, 물화(reification), 그리고 거기서 파생된 인간의 자율성과 자기통제의 상실이 자리잡고 있다.

마르크스에 따르면 인간은 노동에서 삶의 의미를 찾는다. 하지만 자본주의하에서 생산은 자본의 확대재생산을 위한 것일 뿐, 노동자의 생산물은 그 자신이 아닌 자본에 귀속되고, 결과적으로 노동의 산물인 생산물로부터 '유리' 즉, 소외됨으로써, 사람들은 삶의 '의미'를 잃고 표류하게 된다. 이글스의 노래에 등장하는 해리는 인간의 소외현상을 극명하게 보여준다. 해리는 사랑하는 사람, 그리고 자신이 소중하게 생각하던 모든 것들보다, 뉴욕의 월가에서 가치 있게 생각하는 '투자와 수익'에 몰입하게 되고, 그런 치열한 경쟁과정 속에서 자신을 통제할 수 있는 힘을 잃으며, 인간이 만들어놓은 '그물'에 스스로를 옭아맨다. 해리는 결국 스스로 생을 마감한다. 그렇다면 소외의 정체는 무엇인가? 해리는 월가의 경쟁에 내던져지면서 아무리 노력해도 자신의 일에서 만족을 얻기 힘든 것을 깨닫는다. 왜? 주위의 모든 인간들이 자신을 평가할 때, 자신이 벌어 온 '수익'으로만 자신을 평가하고, 그 외의 것은 다 무시되는 그런 평가과정과 경쟁에서 그는 자신의 다른 욕구를 긍정하기보다는 부정해야 하고, 결과적으로 자신이 제어할 수 없는 기준에 스스로를 옭어 맴으로써 자신의 몸을 죽여가고 정신을 몰락시켰기 때문이다.

다시 말하면, 해리는 '경쟁'과 '효율'이라는 두 단어가 지배하는 자본주의의 아래에서 자기통제를 상실하게 되는 것이다. 마르크스에 따르면 시장이 중심에 있는 자본주의하에서는 상품이 그 '개인적 성격', 즉 사용가치를 상실하고, 시장에서의 교환가치로 환산되게 된다. 다시 말하면, 상품은 그 개인적 성격을 잃어버리면서 '익명성'을 획득하게 되고, 오직 교환가치만이 존재한다. 이것이 마르크스의 '상품숭배'(commodity fetishism)이론의 요체이다.

쉽게 예를 들어서 풀어보자. 요즘 드라마나 영화에 나타난 사랑과 결혼을 생각해보자. 사랑을 주제로 하는 드라마, 영화, 연극, 소설에 단골메뉴로 등장하는 주제는 사랑하는 사람들이 앞에서 말한 시장에서의 '교환가치'를 극복하느냐 못하느냐에 '초점'이 맞춰져 있다. 사랑이 시장가치, 즉, 돈으로 환산될 수 있을까? 에릭 시걸(Erich Segal)의 소설, 『러브스토리』(Love Story)는 영화로 만들어져 공전의 대히트를 쳤는데, 그 이유가 뭘까? 나는 중학교 2학년때 이 영화를 봤는데, 영화의 두 주인공은 하버드 재학생인 올리버와 제니퍼이다. 하버드 대학에 큰 돈을 기증한 재벌아들 올리버와 대조적으로 제니퍼는 조그만 동네 빵집 딸이다. 이 둘이 집안의 반대를 무릅쓰고 결혼하는 장면에서 올리버가 싸구려 결혼반지를 제니퍼에게 주면서, 이런 말을 한다. "돈보다 귀한 사랑을 당신께 드립니다". 중학교 2학년이었던 나는 이 대사를 들으면서, 화가 났다. 왜? 사랑이 돈보다 귀한 것은 당연한 것 아닌가? 하나마나 한 소리를 하면서 결혼식을 망치나? 그러나 시간이 지나면서 이 말이 무슨 뜻인지, 왜 올리버가 그런 하나마나 한 (실제론 하나마나 한 소리가 아닌) 말을 했는가를 이해하게 되었다. 이 영화가 인기 있던 이유 중 하나는 우리가 모두 알고는 있지만, 실제론 저항하기 어려운, 사랑도 시장의 교환가치로 환원시켜 '계산'하는 현대의 세태와는 반대에 서 있기 때문이다.

독자들은 『러브스토리』뿐 아니라 많은 다른 드라마나 영화, 예술작품 등에서 사랑이 '교환가치'로 환원되는 데 저항하는 것이 주제로 등장하는 경우를 목격했을 것이다. 이유는? 우리가 살고 있는 자본주의 시대는 모든 것을 그것이 가진, 개인적이고 고유한 가치로부터 탈

비트겐슈타인과 규칙 따르기

각시켜서 '교환가치'로 '환산'하는 시대에 살고 있기 때문이다. 올리버가 사랑한 제니퍼는 '같은 값'의 교환가치를 가진 여자로 대체될 수 없는, 올리버에게는 특별한 가치를 가진, '단 하나의' 사랑하는 여자였다. 그러나 요즘은 사랑도 시장에서의 교환가치로 환산되고 있다. 즉, 나에게 이 여자, 이 남자가 그 무엇으로도 환산할 수 없는 고유하고, 특별한 의미를 가진 사람으로 다가오는 것이 아니라, 그 혹은 그녀의 가치를 자동차, 자산, 직업, 부모의 배경, 학력 등의 '시장가치'로 환산하고 있다는 것이다. 현대 자본주의 세계에서는 시장가치상 교환가치가 더 높은 상대가 나타나면, 시장가치가 낮은 상대는 바로 교체될 것이다. 올리버와 제니퍼의 사랑 같은 사랑은 실제로는 이상적인 세계에나 존재하는, 실제 세계에서는 희귀한 사랑이기 때문에, 그렇게 많이 영화화되고 해도 결코 싫증이 나지 않는 이상적인 사랑인 것이다.

이글스 노래의 주인공인 해리도, 혹은 자신의 사랑을 시장에서의 교환가치로 환산해 계산하는 사람들도 결국 자신을 '사물들과의 관계'의 '일부'로밖에 파악할 수밖에는 없게 된다. 이는 다시 말하면, 인간들의 관계가 사물들의 관계로 환원된다는 것을 의미한다. 자본주의 아래에선 사람들이 자신과 다른 사람들을 평가할 때 사람들이 입은 옷, 그들이 가진 차, 그들이 사는 집 등에 의해서 판단하는데 이는 사회적 관계가 물질의 관계로 환원되고 있다는 것을 의미한다. 즉, 우리가 중요하다고 '숭배'하는 것은 사람이 아니라 인간 외적인 것들, 즉, 인간 고유의 인성에서 유리되고 소외된 사물들 간의 관계라는 것이다. 결과적으로 우리는 우리가 이해하지 못하는 사이에 사물들 간의 관계를 숭배하게 되고, 이에 '지배' 받게 되는 것이다.

자본주의하에서 우리는 교환관계를 통해서 표출되는 물신숭배를 거부하지 못하고, '물화(物化)'된 세계에서 사는 것이다. 이제 이렇게 물화된 세계는 자신의 고유한 생명을 획득하게 되고, 이런 관계를 만들어낸 사람들에게 적대적 힘으로 다가오게 된다. 이렇게 '외재적 힘'으로 다가오는 물화된 세계의 지배하에서 사람들은 더 많은 소비를 하기 원하고 이를 위해 더 많은 자본을 축적하려고 함으로써, 더욱 더 자신을 자본과 물신숭배의 늪으로 빠져들게 하는 것이다.

자신이 만들어낸 괴물 프랑켄슈타인을 피해서 도망 다니던 빅터 프랑켄슈타인처럼 인간은 스스로가 만들어낸 시장과 상품숭배의 지배에서 벗어나지 못하는 것이다. 이렇게 스스로 만들어낸 시장과 교환가치에 지배받는 현상을 마르크스는 '역전(逆轉)현상'이라 불렀으며, 이 역전현상은 마르크스의 자본주의 비판뿐 아니라 종교비판의 핵심을 차지한다. 마르크스에게 종교는 우리의 필요에 의해서 만들어진 우리 의식의 산물이지만, 마치 우리와 무관하게 그 외부에서 이미 존재해온 객관적 진리로 다가와 우리를 지배하게 하는 것이다. 이런 의미에서 종교도 상품숭배와 마찬가지로 역전모형으로 설명된다. 마르크스의 '소외이론'은 인간이 자신의 '산물'인 시장과 종교의 구성적 성격을 '망각하고' 오히려 그것에 의해 지배받는 현상을 비판하고 있다.

　마르크스 비판이론 전통의 중심축에 있는 물화와 소외이론은 일반 사람들이 당연하게 생각하는 일상적 행위와 믿음을 이론가의 입장에서 '비판적으로 해석'함으로써 그들의 의미세계가 왜곡되어 있음을 '폭로'하려는 이론이다. 즉, 보통사람들의 의미세계가 그들도 인지하지 못한 외부의 힘에 의해 지배받고 왜곡되어 있다는 것을 이론가의 비판적 해석을 통해서 드러내려 한다는 점에서 마르크스는 폴 리쾨르(Paul Ricoeur)가 소위 '의심의 해석학'(Hermeneutics of Suspicion)이라 부른 전통에 속한다. 리쾨르는 마르크스와 더불어 프로이트도 의심의 해석학 전통에 속하는 대표적인 학자로 꼽았는데, 이는 4장의 하버마스 논의에서 살펴보았듯이 프로이트도 환자의 의식세계를 하나의 왜곡된 의미세계로 보았기 때문이다. 마르크스나 프로이트나 하버마스 모두 우리가 일상의 '규칙 따르기'로 따라가는 생활세계 '뒤'에 숨겨져 있다고 생각되는 지배와 억압을 폭로하는 이론적 관심을 공유하고 있는 것이다. 다음 장에서 논할 미셸 푸코의 이론도 역시 우리가 인지하지 못하고 있지만 우리 일상의 규칙 따르기 '안'에 내재하고 있다고 생각되는 '지배와 권력'의 힘을 드러내는 '의심의 해석학'이라 할 수 있다.

더 깊은 논의를 위한 참고문헌
✳ 9장과 10장을 관통하는 주제는 지배와 물화이다. 물론 이 개념들은 마르크스의 소외 이론에서 그 뿌리를 찾을 수 있다. 마르크스의 소외이론에 대한 가장 명쾌하고 분석적인 논의는 욘 엘스터(Jon Elster)의 『Making Sense of Marx』 Cambridge University Press, 1984를 볼 것.

11

푸코와 언어의 불투명성

담론과 권력

앞에서 살펴본 마르크스의 역전모형은 사회과학에서 매우 광범위하게 적용되어 왔지만, 이 모형은 이데올로기적 지배의 '인과적 모형'에 국한되었다. 즉, 역전모형에서는 사람들 스스로 만들어낸 시장과 종교가 사람들로부터 '분리'되어서 오히려 '거꾸로' 인간을 지배하는 외부의 권력이 되고, 따라서 인과의 화살표 방향이 확실히 시장→지배, 종교→지배로 귀착되지만, 미셸 푸코는 권력과 지배, 지식이 서로 맞물려 돌아가는, 어느 것이 딱히 어느 것의 단일한 원인이 되는 지배와 권력의 '인과모형'(causal model)을 거부하고, 권력, 지배, 지식이 상호 정의하는 순환형 모형(circular model)을 제시한다.

어려운 얘기이니 구체적 예시로부터 시작해보자. 서양의 잘 생긴 남자, 예쁜 여자의 얼굴이 미의 기준이 되어버린 지 오래다. 이는 물론 이들이 성형수술의 '기준'이라는 의미도 된다. 니콜 키드만, 톰 크루즈 같은 서양의 미녀, 미남 배우의 공통점 중 하나는 옆모습을 봤을 때 이마와 입을 연결하는 옆모습이 직선에 가깝다는 것이다. 옆모습을 봤을 때 코는 우뚝한 반면, 입은 쑥 들어간 것이 이들 백인 미남, 미녀의 특징이다. 반면 흑인을 보면 백인에 비해서 코는 매우 넓게 퍼져 있고, 입이 많이 '돌출'되어 있으며, 따라서 이마에서 입까지 옆모습 선을 그렸을 때의 각도가 백인에 비해서 훨씬 크다. 한 연구에 의하면 흑인과 아시아 사람들은 백인에 비해서 돌출입 비율과 정도가 심하며, 이들은 교정을 통해서 얼굴의 옆모습을 백인들의 모습을 닮은 직선에 가깝게 바꾸고 싶어하는데, 이는 사회에서 그런 모습을 더 아름다운 것으로 '선호'하기 때문이다. 또 다른 연구도 많은 사람들이 치아 미백을 하고, 돌출입을 교정하며, 라미네이트를 씌우는 등 여러 방법을 통해서 이와 치열을 깨끗하게 보이도록 해서 헐리우드 스타의 웃음을 흉내 내는 소위 '헐리우드 스마일'을 갖고 싶어한다는 것을 밝히고 있다. 이들은 매스 미디어의 영향을 받아서 사회적으로 선호하는 '미적인 기준'에 맞추려고 애를 쓰고 있는 것이다.[1]

---

1 Terki K. Almutairi, Sahar F. Albarakati, and Abdullah M. Aldrees, "Influence of bimaxillary protrusion on the perception of smile esthetics" 『Saudi Med J』 2015; 36(1): 87-93.

비트겐슈타인과 규칙 따르기

몽고족의 특징인 옆으로 가늘게 찢어진 눈과 납작한 코, 그리고 돌출된 입은 위에서 말한 서구의 시선으로 볼 때 역시 매우 '원시적'으로 보인다. 독자들은 버스 옆에 붙이고 다니는 광고판에 "돌출입 교정"이란 치과 광고를 많이 봤을 것이다. 멀쩡한 이를 4개나 뽑고 그 빈 공간을 이용해서 돌출된 입을 '쏙' 들어가도록 만드는 것은 교정의 본래 목적인 치아 교합 향상을 위한 것이 아니라, 대부분이 '미용'을 위한 것이라 할 수 있다. 그에 더해서 아름다워 보이기 위해서 위험한 양악수술을 감행하는 사람들도 많다. 또한 눈을 절개해서 앞트임, 뒤트임을 하고, 쌍꺼풀로 '커다랗고 예쁜 눈'을 '만들어내는' 시술들을 어떻게 이해할 수 있을까? 이렇게 유행인 성형수술의 행태는 푸코가 소위 '담론(談論)적 실천'(discoursive practice)이라 부른 것과 분리할 수 없는 밀접한 관계가 있다.

돌출된 입과 낮고 퍼진 코는 '원시적'이고 작은 눈은 보기 싫고 답답하며, 뚱뚱한 것은 여자답지 못하며, 게으르고, 자신을 '관리'하는 데 실패했다는 '시선'(gaze)은 우리가 "아름답다"라고 하는 것에 대한 사회적, 문화적 담론(談論, discourse)의 산물이다. 그냥 '얘기'라고 하지 왜 거창하게 '담론'이라고 부를까? 다 이유가 있다. 좀 길지만 왜 푸코 같은 학자들이 이를 담론이라 부를까를 생각해보자. 우리가 눈이 크고, 입이 쏙 들어가고, 코가 우뚝하고, 깡마른 것이 아름답다고 생각한 것은 언제부터인가? 아름다움을 정의하는 그런 '시선'은 단순히

미를 정의하는 '변하지 않는' 절대적인 진리를 '나타내고'있는 걸까? 혹은 '아름다움'은 시대와 장소를 따라 변하는 가변적이며, 변덕스러운 담론의 산물인가?

　여성들을 거의 강박증처럼 괴롭히는 다이어트는 내가 어렸을 때만 해도 들어보지도 못했고, 깡마른 여자보다는 약간 살이 있는 배우들이 미인이라고 불리며 은막을 지배했었다. 여성만이 아니라 남성의 아름다움, 혹은 '남성다움'도 그것을 정의하는 방식과 획득하는 방식도 완전히 바뀌었다는 것을 알 수 있다. 내가 어렸을 때만 해도 운동으로 몸을 만드는 아이들은 바람직하지 못한 행동을 하는 사람들이라는 것이 일반적인 인식이었다. 60~80년대까지도 남자 배우들이 근육을 자랑하는 일은 없었다고 해도 과언이 아니다. 오히려 그런 몸을 가진 사람은 사극영화에서 '돌쇠'나 '장쇠' 같은 무지하고, 덜 세련된 것으로 비춰지곤 했다.

　이런 '시선'은 '하늘에서 떨어진' 절대적인 미를 '재현'하고 있는 것이 아니라 그 시대를 지배하는 '담론'에 의해서 생산되고 유지되는 것이었다. 미셸 푸코가 '담론적 실천'이라 부른 개념은 이런 사회적, 문화적 시선이 어떻게 한 시대의 사회에서 통용되는 '언어'와 밀접한 관계를 가지고, 이런 시선들이 그 사회를 구성하는 구성원들을 제어하고, 권력으로 '작동'하는가를 포착할 수 있도록 고안된 개념이다.

비트겐슈타인과 규칙 따르기

푸코의 담론적 실천이론은 언어의 기능에 대한 전통적 견해에 대한 비판에 기초한다. 전통적 관점에서 언어는 외부세계를 명징하게 나타내는, 좀 어려운 말로는 재현(再現, represent)하는 '중립적' 아이콘(neutral icon)으로 기능한다. 다시 말하면, 전통적 관점에서 볼 때 언어는 '주어진', 즉 고정된 실재를 '있는 그대로' 나타내는 깨끗한 '거울' 같은 것으로 간주된다. 20세기 철학에서 가장 영향력 있는 책 중 하나로 간주되는 리처드 로티의 『철학과 자연을 비추는 거울』은 언어에 대한 전통적 관점이 틀렸다는 것을 지적하기 위해서 고안된 제목이다.[2] 즉, 데카르트(René Descartes) 이래로 당연시되었던 언어관, 즉 언어가 고정된 실재를 '수동적'으로 재현한다는 '미러링'(mirroring, '있는 그대로의 실재를 '거울'에 비추기) 기능을 비판하고, 언어가 외부세계를 '능동적으로 구성'해내는 기능을 부각시키기 위해서 고안된 제목이라는 말이다. 이렇게 언어가 외부 세계의 속성을 '능동적'으로 구성해내고 의미를 부여하는 속성을 나타내기 위해 푸코는 단순한 '이야기' 대신 '담론적 실천'이란 용어를 사용한 것이다.

'이마와 입을 연결하는 선이 직선에 가깝다'라는 명제는 단순히 '저기 놓여 있는' '아름다움'에 대한 '중립적 사실을 수동적으로 미러링, 즉, '묘사'하고 있을 뿐일까? 혹은 이런 묘사는 그런 묘사가 배태되어

---

2   Richard Rorty, 『Philosophy and the Mirror of Nature』 Princeton University Press, 1979.

있는 사회 · 문화 · 정치적 맥락과 뗄 수 없는 '관계 안'에서 그 의미를 부여 받는 것일까? 답은 물론 후자일 것이다. 왜? 흑인보다 백인의 모습이 아름답고, 예쁘고, 멋있게 보이는 이유는 이마와 입을 잇는 선이 가지는 '각도' 자체가 가진 "고유한 혹은 내적인 의미" 때문이 아니다. 이마와 입을 잇는 선이 가지는 '각도'가 고유한 의미를 가질 리가 있나? 그 각도에 '부여된' 의미는 백인들의 압제로 인해 흑인들이 과거로부터 겪어온 고통과 굴욕, 그리고 억압의 사회 · 문화 · 정치적 상황을 고려할 때만이 주어진다. 입과 코와 이마의 선이 주는 '시각자극'은 그 자체로서는 아무런 의미를 가지고 있지 않다. 돌출된 입이 가지는 문화적으로, 그리고 과학적으로 '미개'하고, '열등'하다는 이미지는 백인과 흑인의 지배와 예속을 나타내는 '상징'체계 안에서 만들어진 것일 뿐이다.

도시의 시장, 기업의 사장, 공화당 의원들을 포함한 미국의 백인들이 오바마 전 대통령의 부인, 미셸 오바마를 '유인원', '고릴라', '침팬지'라고 비하한 것을 보고 어떻게 저런 말을 할 수 있나 하고 깜짝 놀란 적이 있다. 이런 비하는 돌출된 입을 가진 '흑인을 마치 진화가 덜된, 백인과는 다른 '원시적'이라는 동물에 가깝다는 '시선'(gaze)의 산물이다. 우리는 이런 시선을 인종차별이라고 개탄하고 비난하지만, 이는 우리가 "담론적 실천"이라 부른 '시선'에 지배당하고 있다는 사실을 알려준다. 미국에서 하버드, 예일을 제치고 가장 입학하기 어렵

비트겐슈타인과 규칙 따르기

다는 프린스턴대학을 나온 미셸 오바마도 그녀의 지능과 능력에 관계없이, 이런 이미지에 의해서 매도 당하고 능멸 당하는 것이다. 미셸 오바마를 이렇게 모욕한 사람들에게 분노를 느낌에도 불구하고, 슬프게도 많은 사람들이 다른 한편으론 '돌출된 입'을 고치려고 치과에 가고, 피부를 희게 하려 하고, 코를 높이려 하는 현상은 이들이 푸코가 말한 담론적 실천에 내재된 '권력'에서 자유롭지 못하다는 걸 보여준다.

위의 논의는 이러한 담론적 실천에 내재한 권력은 국가 혹은 어떤 특정한 단체가 행사하는, 외부에서 작동하는 전통적 권력개념과 다르게 우리의 생활에 '스며서', 우리가 알지 못하는 사이에 우리를 지배하는 힘이라는 것을 알려준다. 그런 의미에서 푸코가 말하는 권력은 전통적 권력과 달리, 부정적 의미만을 가지는 것이 아니고, 다음과 같은 의미에서 역설적으로 매우 '생산적'이다. 성형수술, 교정, 그리고 아름답게 보이기 위한 여러 가지 화장법과 체중감량 테크닉과 다이어트 방법, 그리고 패션에 관한 수많은 미용잡지, 패션쇼, 미인선발대회 등을 통해서 생산되고, 유통되는 담론의 '네트워크'는 우리 삶의 근저에 깔려 있고, 그런 의미에서 사람들은 담론적 실천을 '재생산'하고 있다. 그렇기 때문에 푸코는 권력의 본질을 '그물과 비슷'(net like)하다고 말한다. 또한 이렇게 권력으로 작동하는 담론적 실천은 어느 한 곳에서 다른 곳으로 인과적으로 작동하는 단일방향으로 작동하는 권력이 아니고, '어느 곳에나 존재'하고, 서로가 서로를 규정하고 정의하는 '순환적'권력이다. 이렇게 새롭게 정의된 푸코 식의 권력개념은 우리가 사회적 상호작용을 통해서 의미를 만들어내고, 유통시키는 '의미 생산의 실천적' 측면을 부각시키고 있다.

위의 논의에서 사회구조를 비트겐슈타인의 '규칙 따르기' 개념과 연결해서 논했는데, 푸코가 소위 '정상화'(Normalization)라고 부른 개념 또한 규칙 따르기 개념으로 이해할 수 있을 것이다. 즉, 사람들은 한 시대를 지배하는 담론적 실천 '안'에서 '정상'이라 여겨지고, 당연하다고 '여겨지는' 실천, 즉, 규칙을 따라가는 것을 당연하게 여기고 '수행'하고 있는 것이다. 비타민, 효소, 해독주스 등의 건강식품, 그리고 운동과 체중감량, 성형에 관한 담론도 우리를 지배하고 있는 담론적 실천의 일부인데, 사람들은 스스로의 판단보다, 소위 전문가라는 사람들이 만들어내는 담론에서 자유롭지 못하다. 전문가인 의사나 약사, 영양학자가 옳다고 하면 옳은 것 아닐까? 그러나 우리는 전문가들도 의견이 다르고, 때로는 격렬하게 대립한다는 사실을 알고 있다. 비타민이 정말 필요할까? 긴 얘기가 필요 없이 비타민 무용론과 필요하다는 주장이 팽팽히 맞서고 있다는 사실만 상기시켜도 우리는 건강에 관한 논의와 논쟁들이 푸코적 의미에서의 '담론적 실천'이라는 것을 알 수 있을 것이다. 하나의 담론적 권력으로서의 '건강담론', 예를 들면, 코엔자임, 오메가 쓰리, 여성 호르몬 등에 관한 담론은 푸코가 말하듯이, 어디에나 존재하고, 푸코의 의미에서 생산적이며, 우리의 생활에 스며 있고, 우리를 지배하고 있다. 푸코의 담론적 실천 이론도 결국 위에서 우리가 도달한 결론, 즉, 우리는 우리가 만들어낸 기준에 스스로를 얽매고 있다는 결론과 크게 다르지 않다는 것을 나타내준다.

우리 일상의 모든 '담론적 실천'이 권력과 지배와 떨어질 수 없는 관계가 있다는 푸코의 주장이 옳다면 이론적 비판의 목표는 어떻게 설정할 수 있을까? 다시 말하면 우리가 당연하게 생각하고 따라가는 규칙 따르기 일부가 아니라 전체가 권력의 '작동 반경 안'에 있다면 도대체 어디서 어떻게 비판이 시작되어야 할까? 이런 비판과 의구심은 테일러, 로티 등의 푸코 비판자들이 공통적으로 제기한 문제이지만 그에 대한 푸코의 답은 또 다른 논쟁을 낳고 있다. 여기서 그 복잡한 논쟁을 다룰 수는 없지만, 하나 지적해야 할 점은 푸코가 생각하는 권력과 지배에 대한 비판은, 기존의 비판이론과 다르게 권력의 작동범위 '안'에서 일어나는 '투쟁'을 통해서만 가능하다는 것이다. 푸코가 이론가도 일상 행위자에 비해서 어떠한 인식론적 특권을 가질 수 없고, 따라서 특정한 개혁의 방향과 방법을 얘기해줄 수 없다는 것을 강조하는 것도 같은 맥락에서 이해되어야 한다. 즉, 이론가도 우리 행위와 믿음이 권력과 지배의 작동범위 내에서만 '이해' 가능하다는 것을 드러낼 수 있을 뿐, 권력의 작동범위를 넘어서는 소위 '탈맥락

적이며 완벽히 객관적인 대안'을 제시할 수는 없다는 것이 푸코의 입장이다. 따라서 구체적 개혁과 투쟁의 방향은 푸코 같은 이론가에 의해서 이끌어지고 제시되는 것이 아니라 행위자들의 다양한 '저항점들'(points of resistance)들에서 요구되는 '필요'에 의해서 수행되는 것이다. 푸코에게는 자신의 이론마저도 분류 투쟁의 '도구'일 뿐, 외부세계를 나타내는, 단 하나의 명징한 진리를 담보해주는 어떤 것이 아닌 것이다.

더 깊은 논의를 위한 참고문헌

✹ 푸코에 대한 많은 논의가 있지만 여기서는 푸코의 사상 전체에 대한 가장 명료하고 간략한 논의를 한 화이트(Hayden White)의 논문 "Foucault Decoded: Notes from the Underground", 『History and Theory』 12: 23-54, 1973을 추천한다. 푸코의 난해하고 어려운 사상의 큰 얼개가 화이트의 글에서 명징하게 드러난다.

믿음과 행위의
관성을 넘어서

　호르크하이머, 아도르노, 프롬과 함께 1세대 프랑크푸르트 비판이론의 기수였던 마르쿠제는 1964년에 출간한 책, 『일차원적 인간』(One Dimensional Man)에서 소비사회의 팽창과 함께 도래한 새로운 기술사회에서 인간은 소위 '도구적 합리성'의 포로가 됨으로써, 자율성이 말살되었다고 진단한다. 이러한 도구적 합리성이 지배하는 사회는 정해진 한계 내에서의 변화만 허용할 뿐 이를 넘어서는 자유와 변화의 가능성을 '사전'에 닫아버리고 있다. 마르쿠제는 저항할 힘도, 자신의 운명을 스스로 결정할 힘도 상실한 채, 주어진 사회구조에 성찰도 없이 수동적으로 순응하는 현대의 인간을 '일차원적 인간'이라 불렀다.

독자들은 규칙 따르기 개념을 중심으로 전개된 이 책의 논의가 생물학적 혹은 자연과학적 환원주의와 정반대되는 의미에서 '사회학적 환원주의'(sociological reductionism)가 아닌가라는 의구심을 가질 수 있을 것이다. 즉, 개인에 비해서 사회의 힘을 너무 강조한 나머지 마르쿠제가 주장한 것처럼 변화의 가능성을 사회가 사전에 '차단'해버리는 결과를 초래하는 게 아닌가라는 의심을 할 수 있다는 것이다. 아주 틀린 의심은 아니다. 왜냐하면 비트겐슈타인의 규칙 따르기 개념은 우리가 개인적이라 생각하는 믿음과 행위도 실제로는 '사회적으로 주어진' 규칙을 따라간 결과임을 밝혀주고 있고, 그런 의미에서 어느 누구도 규칙 따르기에 내재한 '사회적 힘'을 초월해서는 살 수 없다는 것을 말해주기 때문이다. 자신이 무엇을 원하는지, 혹은 더 나아가서 무엇을 원해야 하는지, 그리고 무엇이 옳고, 그르고, 정당화될 수 있는가가 개인 자신을 '넘어서는' 사회의 규칙 따르기가 부과하는 힘에 달려 있다는 이 책의 중심주장은 그런 의미에서 '사회학적 환원주의'라고 볼 수도 있다.

그러나 이 책에서 논의된 규칙 따르기는 그 안에 변화의 '씨앗' 또한 내포하고 있다. 다시 오징어튀김과 비상금의 예로 돌아가서 생각해보면 규칙 따르기 안에 그 규칙의 변화 가능성이 내포되어 있다는 말의 의미를 알 수 있을 것이다. 아이가 오징어튀김을 먹고 싶은 상황은 비상상황이 아니라는 것을 알게 된 것은, 물론 사회화된 어머니

비트겐슈타인과 규칙 따르기

의 교정 때문이다. 그러나 이런 생각도 해볼 수 있지 않을까? 배고파서 오징어튀김을 먹지 않으면 죽겠다는 자식의 상황이 비상상황이라고 생각해서 비상금을 튀김 사먹는 데 쓰고 왔어도 괜찮다는 부모도 존재할 수 있지 않을까? 이들 소수 부모들은 아이가 배고픈 것이 비상상황이고, 그런데다 돈을 안 쓰면 무엇 때문에 비상금을 쥐어 보내야 하는가라고 반문하는 이들이다. 물론 우리 사회의 다수는 이렇게 생각하지 않겠지만 그런 부모들도 있을 수 있다. 여기서 중요한 점은 '상황 자체'가 비상시(非常時)냐 아니냐를 우리에게 말해주고 있지 않다는 점이다. 어떤 때가 비상시인가는 '해석'의 문제일 뿐이고, 사회구성원들의 상호작용과 합의에 의해 정해지는 것이다.

앞에서 잠깐 예를 든 학생인권조례를 생각해보라. 학생은 어떤 권리를 보장받아야 하나? 내가 자랄 때처럼 두들겨 맞아도 그것이 '참교육'의 일부라고 정당화되어야 하나? 혹은 요즘처럼 학생의 권리가 선생의 그것보다 훨씬 강조되어서 툭하면 부모들이 선생님들을 '아동학대'로 고소하는 것이 학생의 권리를 보장하는 것일까? 50년 전 학생을 훈육하는 방식과 현재의 변화된 방식을 비교해보면 규칙 따르기는 마치 '사회적 콘크리트'로 완전히 밀폐된, 그래서 변화의 가능성이 사전에 차단된 것이 아니라는 것을 알 수 있다. 이는 우리의 행위와 믿음이 사회적 규칙 따르기의 결과라는 것을 인정하는 것이 곧바로 모든 것이 사회적으로 결정되는 '사회학적 환원주의'를 의미하는 것은 아니라는 것을 말해준다. 앞에서 논의한 하버마스의 주장처럼 주어진 규칙 따르기는 언제든지 사회성원들의 논의와 논쟁의 대상이 될 수 있고, 그 결과 정당성을 잃을 수도, 그래서 새로운 규칙 따르기로 변환될 수 있다.

우리는 규칙 따르기 없이는 살 수 없고, 그런 의미에서 사회적 힘의 담지자인 사회적 규칙을 매일의 생활에서 실천하는 사람들이지만, 그럼에도 기존의 규칙 따르기를 거부하고, 새로운 규칙을 만들어내기 위한 저항과 투쟁을 끊임없이 하고 있다. 저항과 투쟁의 결과는 새로운 규칙 따르기로 '결정화'되지만, 이런 새로운 규칙 따르기도 때가 되면 그 정당성이 의심되며 다시 저항과 논쟁의 대상이 되고 결과적으로 투쟁의 대상이 된다. 헤겔(G. Hegel)이 새로운 규칙 따르기, 즉, 새로운 문화의 등장을 뱀의 허물 벗기에 비유한 것은 절묘하다. 성장하는 뱀이 어느 순간에 커져버린 몸을 감당하기 힘들어 껍질을 벗어버릴 수밖에 없듯이, 우리는 규칙을 따르며 살아가지만, 어느 순간엔 이 규칙에 새로운 문화가 가로막히는 상황을 맞이해, 이런 족쇄를 벗어 던져야 하는 순간이 온다. 그러나 새롭게 등장한 규칙 따르기도 또 언젠가는 그 수명을 다하고, 더 이상의 발전을 저해하는 '화석화'된 형태로 굳어질 것이다. 이렇게 화석화된 규칙 따르기가 더 이상 새로운 문화와 규칙 따르기의 출현을 수용할 수 없을 때 우리는 새로운 규칙 따르기를 추구하고, 거기서 새로운 희망을 찾는 투쟁이 시작되며,

이것이 바로 문화와 사회변동의 원동력인 것이다.

그렇다면 새로운 사회와 문화를 촉진하기 위한 새로운 규칙 따르기의 '발원지'는 어디일까? 현대 사회과학을 지배하는 실증주의는 그 발원지에 대해서 아무런 답을 할 수 없다. 왜 그럴까? 실증주의는 현재 보이는, 측정하고 관찰할 수 있는 것만을 과학적 연구라고 주장하며, 현재 보이지 않는, 그래서 측정할 수 없는 것을 비과학적이라고 배제함으로써, 현재의 규칙 따르기를 넘어서려는 모든 '상상력'을 죽여버리기 때문이다. 텔레비전에서 방영한 프로그램에서 본 젊은 부부와 두 아들의 이야기를 예로 들어보자. 대학을 졸업한 부부와 학교에 들어가기 전 어린 나이의 두 아들은 고구마 밭에서 뒹굴며 고구마를 캐고 먹으면서 즐거운 시간을 보낸다. 취재를 위해 찾아간 기자가 아내에게 이렇게 물어봤다. "요새는 농사짓는 사람과 살면 고생한다는데 왜 남편과 결혼하셨어요?" 엄마는 웃으면서 이렇게 대답했다. "처음 만나서 무슨 일을 하며 사느냐고 물었을 때 이 사람이 고구마 농사가 직업이라고 말했는데, 그때 이 사람의 표정에는 망설임이나 부끄러움이 전혀 없었고, 오히려 너무 자신 있고 당당했어요. 저는 거기에 그냥 반해버렸어요."

하나의 예를 더해보면 '고구마론'의 함의가 확연히 드러날 것이다. 부모에게 대들거나 하고, 지지리도 속을 썩이는 자식들을 부모는 '너

같은 게 자식이냐'며 내쫓고 연을 끊을까? 혹은 '지금 당장'은 싹이 노랗지만, 눈에 보이는 자녀의 못난 짓을 감내하면서, 지금 보이는 것이 내 자식의 전부가 아니라고 믿으며, 그가 곧 모든 잘못을 딛고 일어나서 훌륭한 사람이 되리라는 믿음(faith)을 가지고 응원하고 기다릴까? 아마 대부분의 부모는 후자에 속할 것이다.

이 예는 고구마론과 또 어떤 관계가 있을까? 남편이 대학까지 졸업하고도 고구마 농사를 짓고 있음을 당당하게 말했다는 것은 그가 이 직업에 긍지를 가지고 있다는 뜻이고, '지금'은 비록 그 사업이 크지 않지만, 미래엔 이 사업을 통해 자신의 꿈, 더 나아가서 가족의 꿈을 실현할 수 있을 거라는 '믿음'이 있음을 의미한다. 여성은 바로 이런 남성의 미래에 대한 확신에 반했다는 것을 얘기하고 있다. 요약하면, 현재를 넘어서는 희망적 비전을 제시할 수 있는 사람들이 현재의 규칙 따르기를 파괴할 수 있는 사람들이라는 것이다.

마지막으로 과학혁명에 대한 예를 들면, 고구마론과 부모가 자식에게 가지는 믿음에 대한 예들을 통해서 내가 말하려 한 의미가 더욱 확연해질 것이다. 과학혁명은 어떻게 일어나는가? 기존의 지배적인 패러다임, 즉, 규칙 따르기에 대항해서 새로운 패러다임을 주창하는 사람들은 기존의 패러다임을 지지하는 과학자들에 비해서 당연히 열등한 위치에 있을 수밖에 없다. 왜 그럴까? 기존의 지배적 패러다임을 추종하는 사람들은 새로운 패러다임을 주장하는 과학자들에 비해서 이미 대학과 연구기관에서 훨씬 더 우월한 위치를 차지하고 있다. 이에 더해서 이들 지배적 과학자들은 그 위치 때문에 더 많은 물질적·사회적인 연구자원을 가지고 있다. 새로운 패러다임을 주장하는 과학자들은 이와 더불어 또 하나의 약점을 가지고 있다. 이들이 주장하는 새로운 이론은 그것이 태어나서 얼마 안 된 '어린' 이론이기 때문에, 그 이론을 받쳐주는 경험연구의 축적이 기존 이론에 비해서 훨씬 적다.

그렇다면 이들 새로운 이론을 주장하는 사람들은 이런 '종합적 열세'를 어떻게 극복할 수 있었을까? 과학사의 여러 사례가 보여주듯이 새로운 패러다임을 주장하는 '소수의 과학자'들은 자신들이 주창한 새로운 이론에 대한 '신념'을 가지고 그런 열세를 극복할 수 있었다. 이들 새로운 패러다임을 주장하는 과학자들이 예수의 제자 도마와 같이 '현재 보이는 자료와 증거'에만 천착했다면, 그들은 지배적 패러다임과의 전쟁에서 일찍이 기권했을 것이다. 그러나 그들은 지배이론에 비해서 '지금은' 매우 미약한 경험적 증거를 가진 자신의 이론에 대한 흔들리지 않는 믿음을 가지고 있었고, 결국 이런 믿음이 이들을 기존 패러다임과의 논쟁에서 승리하도록 이끌었다.

이 책이 하나의 교육적 메시지를 가지고 있다면, 그것은 교육이 학생들로 하여금 '지배적인 분류의 틀'을 정당화하는 현재의 규칙 따르기가 부과하는 사고와 믿음, 그리고 행위의 관성(inertia)을 넘어서는 상상력을 극대화할 수 있도록 도와줘야 한다는 것이다. 그러한 상상력을 극대화하는 교육은 물론 매우 이데올로기적이어야 할 것이다. 이 책을 다 읽은 독자들은 왜 내가 나의 주장이 탈이데올로기적인 진리가 아니라, 매우 이데올로기적이라고 말하는가를 이해할 것이다. 학생들의 상상력을 극대화하는 교육은 지금 눈앞의 현실에서는 가능하지도, '정당화할 수도 없어 보이는' 수많은 새로운 규칙 따르기 후보들을 상상 속에서 지금 이 자리로 소환해내고, 논쟁과 토론을 거쳐서 그런 거칠고(wild), 구속받지 않은, 자유로운 그리고 어떤 면에서는 극단적인 상상에 기초한 새로운 규칙의 가능성의 탐색을 도와주는 것이 되어야 할 것이다. 그런 논쟁과 토론은 물론 공자와 재아의 논쟁에서 공자보다는 재아의 편에 서 있어야 가능하고, 그런 의미에서 이 책은 매우 이데올로기적인 것이다.

감사의 글

이 책을 오랫동안 기다려온 사람들이 있다. 그들이 없었다면 이 책도 없었을 것이다. 기다려준 그들에게 고마움을 전하고 싶다. 물밀듯 들어왔다 순식간에 빠져나가는 지적 유행에 휩쓸리지 않고 사회과학의 이론적 기초를 다지고자 하는 그들에게 이 책이 조그마한 도움이 되길 바란다. 궁리출판의 이갑수 대표님, 김현숙 편집주간, 마케팅 팀의 문윤기 대리, 멋진 책을 디자인해준 이현정 실장, 그리고 장석봉 선생에게도 고맙다는 말을 전한다.

비트겐슈타인과 규칙 따르기

비트겐슈타인과 규칙 따르기

1판 1쇄 찍음 2025년 5월 7일
1판 1쇄 펴냄 2025년 5월 15일

지은이 김경만

편집 김현숙 | **디자인** 이현정
마케팅 백국현(제작), 문윤기 | **관리** 오유나

펴낸곳 궁리출판 | **펴낸이** 이갑수

등록 1999년 3월 29일 제300-2004-162호
주소 10881 경기도 파주시 회동길 325-12
전화 031-955-9818 | **팩스** 031-955-9848
홈페이지 www.kungree.com
전자우편 kungree@kungree.com
페이스북 /kungreepress | **트위터** @kungreepress
인스타그램 /kungree_press

ⓒ 김경만, 2025.

ISBN 978-89-5820-908-9 03300